AF571483

FSC
www.fsc.org
MIX
Papier aus verantwortungsvollen Quellen
Paper from responsible sources
FSC® C105338

Klaus-Dieter Müller

Schwarzbuch CDU/CSU

Parteien der Mitte – von wegen!

VERLAG NEUES WISSEN BERLIN

Bibliografische Information der Deutschen Nationalbibliothek: Die Deutsche Nationalbibliothek verzeichnet diese Publikation in der Deutschen Nationalbibliografie; detaillierte bibliografische Daten sind im Internet über dnb.dnb.de abrufbar.

Verlag Neues Wissen Berlin
DMD Deutsche Mediendienst GmbH

Cover: BoD

Herstellung und Verlag: BoD – Books on Demand, Norderstedt

ISBN: 9783757823030

Inhalt

Vorwort des Verfassers

Das 21. Jahrhundert wird dasjenige sein, in dem die Menschheit wichtige Grundlagen für eine nachhaltige Zukunft zu definieren hat. Das ist fast allen bewusst, denn die Folgen des Klimawandels werden immer deutlicher sichtbar und erfahrbar. Weltumspannende Lösungen sind dringendes Gebot; demgegenüber stehen wiedererwachende Nationalismen und eine zunehmende Fragmentierung der Öffentlichkeiten auf Basis weltweit verfügbarer Informationstechnologien. Die digitalen Medien ermöglichen einen stark erweiterten Zugang zu Informationen und potenziellem Wissen. Allerdings finden eine sachgerechte Bedeutungselektion und Objektivierung von Inhalten durch den Wegfall wichtiger Gatekeeper-Rollen im Internet, wie es z. B. Journalisten für die traditionellen Medien sind, kaum mehr statt. Meinungen bilden sich in einer fragmentierten Öffentlichkeit, in unzähligen Netzwerken, mit der Tendenz zur milieubezogenen Selbstreferenzialität, wo doch für eine globale Nachhaltigkeitsstrategie entsprechende Meinungsbildungsprozesse vonnöten wären. Es braucht eine andere Handelspolitik, will man den vielen Menschen, die ihre Heimat verlassen, um zu überleben, ihren Wunsch erfüllen, in der Heimat bleiben zu können. Einer möglichen Pluralisierung und partizipativen Nutzung digitaler Medien steht die Gefahr gegenüber, dass sich die Menschen noch weiter in ihre unüberschaubaren Netzwerke zurückziehen, um sich unter „Gleichgesinnten“ Meinungen zu bilden, die einen gesellschaftlichen Konsens über Strategien der Nachhaltigkeit, des transkulturellen Zusammenlebens und einer partizipativen Mediennutzung erschweren.

Das alles wissen wir, und wir kennen auch erforderliche Maßnahmen, um der Apokalypse zu entgehen. Und doch passiert immer noch viel zu wenig. Die Diskrepanz zwischen Wissen und Wollen ist das größte Problem unserer Zeit. Das ist vor allem auch ein Problem der Politik. Hier wird das Wollen durch Eigeninteressen, aber vor allem aus Respekt vor wirtschaftlichen und nationalen Interessen Verbündeter stark gehemmt. Diese Diskrepanz zwischen Wissen und Wollen (Handeln) scheint mir als Politologe mehr noch als bei den Sozialdemokraten und den Grünen ein Widerspruch bei den konservativen Parteien zu sein. Sie geben vor, „Parteien der Mitte" und somit Volksparteien zu sein. Das möchte ich gerne in diesem Buch hinterfragen. Ich habe in meiner Zeit als Abgeordneter des Schleswig-Holsteinischen Landtags viele Freunde auch unter den Christdemokraten finden können, und Politiker/innen, wie Rita Süssmuth und Norbert Lammert, die beide das Amt des Bundestagspräsidenten vorbildlich ausgeübt haben, aber auch der ehemalige CSU-Minister für wirtschaftliche Zusammenarbeit und Entwicklung, Dr. Gerd Müller, haben mir stets viel Respekt abgerungen für ihre mutige und dem Wissen folgende Amtsführung. Es geht mir also nicht darum, die CDU, auch nicht die CSU, pauschal zu diskreditieren, ich halte es aber für bedeutsam, beide Parteien auf die Diskrepanz zwischen ihrem Anspruch und der Wirklichkeit ihren Tuns hin zu untersuchen. Wir brauchen konservative Parteien, nicht zuletzt um auch Menschen eine politische Heimat geben, die anders als etwa die AfD auf dem Boden unserer demokratischen Grundwerte stehen. Ich habe versucht, die Literatur und seröse Zeitungsberichte auf Hinweise und Meinungen zu analysieren und diese nebeneinander zu stellen und durch eigene Stellungnahmen zu ergänzen. Ich habe sehr viele Zitate von Personen und

Journalisten verwendet, die gerade nicht verdächtig sind, die CDU/CSU ausgesprochen kritisch zu sehen, wie der Vatikan, der Münchener Merkur, die Frankfurter Allgemeine Zeitung, die Neue Zürcher Zeitung und andere. Wenn Ihnen nach der Lektüre dieses Buches etwas auf der Seele brennt, teilen Sie es mit. Vielen Dank.

Ihr Klaus-Dieter Müller

medienmueller@gmx.de

Zur Geschichte einer Partei

In Deutschland bildeten sich wenige Wochen nach Kriegsende – als Reaktion auf das Scheitern der Weimarer Republik, auf Nationalsozialismus und Weltkrieg – in vielen Städten unabhängig voneinander christlich-demokratische Parteigruppierungen. Anders als bei SPD, KPD und – wenn auch nicht in gleichem Maße – bei den Liberalen, die nach dem Zusammenbruch des nationalsozialistischen Reiches 1945 unmittelbar an ihre überkommenen Traditionen anknüpfen konnten, lassen sich bei CDU und CSU keine direkten Verbindungslinien in die Vergangenheit ziehen. Ihre Gründung kann auch nicht auf ein Datum fixiert werden. Der Zusammenschluss von sehr unterschiedlich geprägten lokalen Gründungen zu regionalen Verbänden zog sich bis 1947 hin. (...) Die Gründung der Bundesrepublik beschleunigte den Prozess des Zusammenwachsens der Union zum „Ausdruck eines einheitlichen Willens der Partei“. Er wurde von den außerbayerischen Landesverbänden auch nicht in Frage gestellt. Doch erst am 11. Mai 1950 beschlossen die Vorsitzenden und Vertreter/innen aller Landesverbände in Königswinter die Gründung der Bundes-CDU. Bundeskanzler Konrad Adenauer, der Vorsitzende des größten und am besten organisierten Zonenverbandes, wurde einstimmig zum vorläufigen Vorsitzenden gewählt und firmierte von nun an als „Bundesvorsitzender der CDU“ bzw. „Der Vorsitzende der CDU Deutschlands“. Am 31. Juli 1950 wurde die Beratung der Satzung von den Landesvorsitzenden abgeschlossen. Als Organe wurden der Bundesparteitag, der Parteiausschuss und der Bundesvorstand vorgesehen. Beim 1. Bundesparteitag in Goslar vom 20.-22. Oktober 1950 wurde Adenauer von den

Delegierten mit 302 von 335 Stimmen in seinem Amt bestätigt. [1]

> „Als Sammlungspartei des bürgerlichen Lagers konnte sie insbesondere an die Milieustrukturen der katholischen Zentrumspartei anknüpfen, die im Kaiserreich und der Weimarer Zeit bereits den Charakter einer schicht- und berufsübergreifenden Volkspartei ausgebildet hatte. Das christliche Fundament ermöglichte der neuen Partei einerseits eine konsequente, programmatische Abgrenzung von den materialistischen Weltanschauungen des Nationalsozialismus und des Sozialismus, wobei der Antisozialismus auch die Sozialdemokraten als Gegner einbezog. Andererseits schuf es die Voraussetzung für die überkonfessionelle Öffnung der Partei in Richtung der protestantischen Bevölkerung, die im Begriff der \`Union\` Ausdruck finden sollte.“ [2]

Zuvor hatte die CDU mit dem Ahlener Programm von sich Reden gemacht. „Das Ahlener Programm war ein vom Zonenausschuss der CDU für die britische Zone verabschiedetes Wirtschafts- und Sozialprogramm. Unter der Leitung von Konrad Adenauer am 3. Februar 1947 beschlossen, spiegelt es die politische und wirtschaftliche Orientierungsphase Deutschlands nach dem Zweiten Weltkrieg wider.

---

[1] https://www.kas.de/de/web/geschichte-der-cdu/gruendungsphase-der-cdu-1945-1949, zuletzt geöffnet am 17.03.2023

[2] https://www.bpb.de/themen/parteien/parteien-in-deutschland/cdu/42060/etappen-der-parteigeschichte-der-cdu/, zuletzt geöffnet am 17.03.2023

„Während die Partei noch von katholischer Soziallehre und christlichem Sozialismus geprägt war, stellt das Ahlener Programm den Versuch dar, den linken Flügel stärker in die Partei zu integrieren. Das Programm enthält Forderungen nach einer grundsätzlichen ´sozialen und wirtschaftlichen Neuordnung´ unter dem Leitsatz: `CDU überwindet Kapitalismus und Marxismus`. Dieses Ziel sollte durchgesetzt werden durch `eine gemeinschaftliche Ordnung`, unter anderem durch die Verstaatlichung von Schlüsselindustrien.“ [3]

Von Verstaatlichung war in den bald folgenden sogenannten Düsseldorfer Leitsätzen von 1949 und im Hamburger Programm von 1953 nicht mehr die Rede. Die im Ahlener Programm aufgestellte Forderung nach einem „Mitbestimmungsrecht der Arbeitnehmer“ blieb aber politisch aktuell. [4]

Das „Ahlener Programm“ der frisch gegründeten CDU liest sich heute wie ein Programm der Linkspartei. Den Ahlener Ausreißer nach links verkauft Adenauer später als taktisches Manöver: "Wir mussten soweit gehen, wie wir konnten. Und wir sind soweit gegangen, um unser Volk zu retten vor der kommunistischen Gefahr." [5]

---

[3] Bundeszentrale für Politische Bildung: Etappen der Parteigeschichte der CDU, 02.12.2022

[4] http://www.zeitzeugen.fes.de/glossar/ahlener-programm, zuletzt geöffnet am 17.03.2023

[5] https://www1.wdr.de/stichtag/stichtag2838.html, zuletzt geöffnet am 17.03.2023

Der Kanzler/innen-Wahlverein

Immer wieder wird CDU und CSU vorgeworfen, die Parteien seien vor allem Kanzler/innen-Wahlvereine. Davon berichtet der stellvertretende Generalsekretär des Bundesinstituts für Berufsbildung (BIBB) schon 1971:

> „Die Frage, was die CDU ist, kann nicht leicht beantwortet werden, es sei denn, man begnügt sich mit der lapidaren Erklärung: eine politische Partei. Aber selbst die Tatsache, dass die CDU eine politische Partei ist, wurde von Kritikern noch bestritten: die CDU sei bestenfalls so etwas wie eine ständig auseinanderstrebende Gruppierung von Menschen, die nur durch ihr gemeinsames Bestreben, politische Macht zu erringen und zu behalten, einigermaßen zusammengehalten werde.“ [6]

Am 08.02.2018 berichtet *DER SPIEGEL:*

> „CDU-Kritik an Merkel Es grollt im Kanzlerwahlverein
>
> Hat Angela Merkel zu schlecht verhandelt? In der CDU gibt es Kritik am Koalitionsvertrag und der Parteichefin - vor allem vom Wirtschaftsflügel und jüngeren Politikern. Zunächst könnte das der Kanzlerin sogar nützen.

[6] Helmuth Pütz (3. Auflage 1978): Die CDU. Ämter und Organisationen der Bundesrepublik Deutschland
30, Droste Verlag Düsseldorf, S. 7 f.

Eine Mehrheit beim Parteitag der Christdemokraten, auf dem am 26. Februar der Koalitionsvertrag mit SPD und CSU abgesegnet werden muss - die sei jetzt fraglich. Natürlich wird das nicht passieren. Und das wissen auch all jene, die sich eine entsprechende Revolte wünschen. Dafür ist die CDU zu sehr ein sogenannter Kanzlerwahlverein: Eine Partei, in der am Ende zählt, dass jemand aus der CDU das Land regiert. Punkt." [7]

„Die CDU ist und bleibt ein Kanzler-Wahlverein oder ein Kanzlerinnen-Wahlverein. Es wird ein bisschen gegrummelt, da gibt es hier und da etwas Klage. Ich meine, wenn Philipp Mißfelder sagt, die Kanzlerin kann nicht erwarten, dass wir jubeln – ich meine, das erwartet wirklich keiner, aber am Ende stimmen doch alle zu, oder enthalten sich, vielleicht ein oder zwei lehnen dann ab. Das ist schon der größte Mut vor dem Königsthron von Angela Merkel. [8]

Gleiches wurde von der CDU unter Helmut Kohl behauptet. Kohl, der wie Merkel 16 Jahre Kanzler war, bot lange keine Angriffspunkte. Es gab keine Alternative zu ihm. Er war auch nicht zimperlich, wenn sich jemand ihm kritisch entgegentrat. Er hielt seine Truppen geschlossen. Es war ihm wie kaum einem sonst möglich, Menschen mit seiner Jovialität im persönlichen Umgang

---

[7] https://www.spiegel.de/politik/deutschland/cdu-kritik-an-angela-merkel-es-rumort-im-kanzlerwahlverein-a-1192504.html, zuletzt geöffnet am 17.03.2023

[8] https://www.deutschlandfunk.de/koalitionsvertrag-die-cdu-bleibt-ein-kanzlerinnen-wahlverein-100.html, zuletzt geöffnet am 17.03.2023

an sich zu binden. Er sparte dann auch nicht mit Lob, wie ich es selbst habe einmal erfahren können. Wir kannten uns zuvor nicht, aber ich hatte nach einer halben Stunde beim Abendessen das Gefühl, diesen Mann schon sehr lange gut zu kennen und zu mögen. Wir erinnern uns, wie er George W. Bush sen., den linken französischen Präsidenten Mitterand und Gorbatschow „zu Freunden machte", um die Wiedervereinigung umzusetzen.

Der Göttinger Politikwissenschaftler Peter Lösche am 19.03.1997 in der *taz*:

> „Die CDU kann sich gar nicht gegen Kohl entscheiden, weil sie von ihrer Struktur her dazu nicht in der Lage ist. Kohl hat die CDU, soweit sie überhaupt noch als Parteiorganisation existiert, völlig im Griff, die Bundestagsfraktion eingeschlossen. Bei der Ablösung von Ludwig Erhard vor 30 Jahren war das anders. Da führte die CDU als Partei ein Eigenleben, und Erhard war als Parteiführer völlig inkompetent." [9]

Die CDU verbinde ihr Wille zur Macht. Der hat die CDU mehr als jede andere Partei in Deutschland geprägt. Daraus erwächst eine gemeinsame Attitüde: Die CDU ist katholisch, konservativ und sehr pragmatisch; sie hat, im Gegensatz zu sogenannten Reformparteien, ein sehr unidealistisches Weltbild und wird dadurch vielleicht weniger von Neurosen erfasst. Kohls Kompetenz, mit Organisationen umzugehen und sie nach seinem Bild zu formen, wirkte lange nach. Helmut Kohl war zwar kein charismatischer Führer, aber durch die Medien ist er dazu

---

[9] https://taz.de/Helmut-Kohl-hat-die-CDU-voll-im-Griff-Immer-noch/!1408989/, zuletzt geöffnet am 18.03.2023

stilisiert worden, meint Lösche. Dadurch und durch den Mythos Kanzler der Einheit integrierte er seine Partei. Solange eine Partei auf eine Führungsfigur fokussiert ist, werden Alternativen nicht offen gedacht und problematisiert, die Partei reduziert sich darauf, Kontinuität zu praktizieren – sich eben auf die Funktion eines Kanzler/innen-Wahlvereins zu reduzieren.

Die CDU und die diffuse Mitte

„Die Mitte“ ist zwar das Credo der CDU, aber mit nichts wird so viel Schindluder betrieben wie mit dem Begriff der „gesellschaftlichen Mitte“. Wer stellt denn die Mitte dar? Ist diese noch klar zu definieren?

> „Die Mitte zerfällt in Gewinner und Verlierer. Oder anders formuliert: Solange die Mitte die Vorstellungswelten der Gesellschaft beherrschte, relativierte sie das Gewinner-Verlierer-Modell; ihre Hegemonie enthielt das Versprechen, dass sich die zufälligen Gewinne und Verluste in der Gesamtbilanz ausglichen und es für Aufstieg und Abstieg in der Gesellschaft letzten Endes die individuelle Leistung gab. Diese wiederum lieferte den Maßstab, um den herum sich die gesellschaftlich vorherrschende Idee der Verteilungsgerechtigkeit bilden konnte. Die von einigen politischen Parteien ausgegebene Parole, wonach sich Leistung wieder lohnen müsse, hat angesichts der jüngsten Entwicklung einen durchaus zynischen Unterton. Sie beruft sich auf einen Maßstab,

der durch die kapitalistische Dynamik zertrümmert worden ist. Die Folge ist, dass Leistung kurzerhand mit Einkommen gleichgesetzt wird. Das zu Messende wird selbst zum Maßstab. Die Bedrohung der Mitte und der Verlust des Maßes gehen Hand in Hand." [10]

Auch die Sinus-Studie aus dem Jahr 2021 zeichnet ein neues Bild der die Gesellschaft prägenden Gruppen. Ins Zentrum des gesellschaftlichen Mainstreams sei anstelle der abstiegsbesorgten Gruppe der „Bürgerlichen Mitte" eine von Sinus als „Adaptiv-Pragmatisches Milieu" klassifizierte Gruppe Gleichgesinnter getreten, worunter das Sinus-Institut nun einen modernen Mainstream versteht, der sich aus „Anpassungs- und Leistungsbereitschaft, Nützlichkeitsdenken, aber auch Wunsch nach Spaß und Unterhaltung" zusammensetzt. Dieser habe ein starkes Bedürfnis nach Verankerung und Zugehörigkeit bei gleichzeitig wachsender Unzufriedenheit und Verunsicherung aufgrund der gesellschaftlichen Entwicklung. Sie selbst würden sich als „flexible Pragmatiker" sehen, meint Sinus. [11]

Weil jedoch Nachhaltigkeit und Klimaschutz an Bedeutung gewännen, würden die Liberal-Intellektuellen und die Sozialökologischen zum neuen postmateriellen Leitmilieu verschmelzen. Neu seien auch die Neo-Ökologischen, zumindest neuentdeckt von Sinus. Sie verstünden sich als

---

[10] Münkler, Herfried (2012): Mitte und Maß. Der Kampf um die richtige Ordnung, Rowohlt Taschenbuch Verlag Reinbek, S. 67 f.
[11] https://www.epochtimes.de/politik/deutschland/die-neuen-sinus-milieus-2021-erklaert-das-ende-der-buergerlichen-mitte-wie-wir-sie-kannten-a3623802.html, zuletzt geöffnet am 2.7.23.

Treiber der gesellschaftlichen Transformation und setzten auf globale Vernetzung, sozialen Mehrwert und die Postwachstumsgesellschaft. Diese Milieugruppe habe einen besonders bunten Wertecocktail, schreibt das Institut: „progressiv und realistisch, pragmatisch und experimentierfreudig, erfolgsorientiert und partybegeistert, zielstrebig und gelassen“ – alles gleichzeitig, wie es heißt.

Man beobachte auch den Rückzug der hedonistischen Mentalität in den Milieus, was Sinus als Ende der viel zitierten „deutschen Spaßgesellschaft“ ausruft. Der Teil der Hedonisten, der sich auf Konsum und Entertainment fokussierte, verstehe sich nun als Teil der neuen Mitte. Man sehe sich als „Bollwerk gegen einen übertriebenen Nachhaltigkeits-Hype.

> „Die Mitte in der deutschen politischen Landschaft scheint ein erstrebenswerter Ort zu sein. Einer, an dem sich Arbeiter, Leistungsträgerinnen, das gute Volk tummeln sollen. Ein Ort, an den nicht nur Politiker, sondern auch Bürger/innen wollen – laut verschiedenen Meinungsumfragen verorten sich rund 60 Prozent der Deutschen in der Mitte. Ihre Funktion ist klar: Sie soll einen Gegenpol zu den extremistischen Rändern darstellen, soll stabilisieren und die Mehrheit versammeln, die in ihr den gesellschaftlichen Konsens aushandelt. Wer oder was ist die Mitte? Alt oder jung? Mit oder ohne Migrationshintergrund? Mehr oder weniger als 40.000 Euro Bruttojahresgehalt? Akademikerin oder Facharbeiter? Stadt oder Land? Schwarz-Grün oder GroKo? Helene Fischer oder Rammstein? Discounter oder Biomarkt? Pro Asylbewerberunterkunft in der

Nachbarschaft oder contra? Die Mitte ist offenbar ein Sehnsuchtsort, den es nicht gibt.“ [12]

Die Politikwissenschaftler Bernd Guggenberger und Klaus Hansen fragten schon 1993:

> „Ist politische Mitte nur ein Reflex von Establishment? Die denkmüde, reflexionsarme Ausrede in einer Situation allgemeiner Erschöpfung all jener Kräfte und Energien, die Politik aus dem Geiste des Utopischen entwarfen und sich vom Prinzip Hoffnung geleiten ließen? Ist Mitte nur die jüngste Maske der Ratlosigkeit einer übergeschäftigen Welt, der vorläufig letzte jener Rückzüge, die sich so beharrlich mit Offensive tarnen? Ist sie nur eine Chiffre für allzu geschmeidige Anpassung, für die Saturiertheit des Status quo, für die phantasieträge Hartnäckigkeit der Unbeirrbaren und Verblüffungsfesten?“ [13]

Der Politologe Kurt Lenk nennt eine plausible Erklärung:

> „Gerade die Leerformelhaftigkeit der Berufung auf eine imaginäre Mitte verbürgt deren ideologisch-politische Funktion. Ist doch heutzutage fast ein jeder von einer gewissen ‚Randangst' getrieben, sich in einer Mitte zu verorten, die Solidität und Normalität

---

[12] https://taz.de/Medien-und-die-Mitte-der-Gesellschaft/!5258816/, zuletzt aufgerufen am 15.04.2023.

[13] Bernd Guggenberger, Klaus Hansen, Hrsg. (1993): Die Mitte, Westdeutscher Ver-lag Opladen, S. 9

> symbolisiert." Und Lenk fügt hinzu: „Die in der bundesrepublikanischen Politik von Beginn an herrschende ‚Magie der Mitte' ist auch Resultat traumatischer geschichtlicher Erfahrungen. (...) Von dieser Optik her erscheinen die Extreme links und rechts der Mehrheit der Bürger als gefährliche Schwarmgeisterei, als Wege hin zu Intoleranz und Gewalt." [14]

Die wenigsten Bürger und Bürgerinnen haben den Mut, sich außerhalb der Meinung der Mehrheit zu positionieren. Und die Parteien, auf der Jagd nach möglichst vielen Stimmen als „Catch-All-Parties" (Anthony Downs 1957 und Otto Kirchheimer), meiden klare, vor allem provokante Forderungen und Ziele und verlieren an Trennschärfe. Wenn dann noch landauf landab die beiden größten Parteien zu lange miteinander koalieren, kommen die Wählerinnen und Wähler zu dem Schluss: „Ist doch egal, was ich wähle. Die machen sowieso, was sie wollen". Und schleichend frisst die GroKo die eigenen Kinder.

Die Politikwissenschaftlerin Chantal Mouffé sieht in der Sucht nach Konsens gar eine Gefährdung der Demokratie:

> „Die Besonderheit der modernen Demokratie liegt in der Anerkennung und Legitimierung des Konflikts und in der Weigerung, ihn durch Auferlegung einer autoritären Ordnung zu unterdrücken. (...) Daher sollten wir uns vor der heutigen Tendenz hüten, eine Politik des Konsenses zu glorifizieren, die sich rühmt, die

[14] Kurt Lenk (2009): Vom Mythos der politischen Mitte, in: http://www.bpb.de/apuz/31749/vom-mythos-der-politischen-mitte? Zuletzt geöffnet am 20.03.2023

> angeblich altmodische Politik von rechts und links ersetzt zu haben. (...) Sobald politische Grenzlinien verschwimmen, wird die Dynamik der Politik gebremst und die Erzeugung distinktiver Identitäten behindert. Entfremdung von politischen Parteien setzt ein und entmutigt Partizipation am politischen Prozess. Leider besteht, wie wir in vielen Ländern zu beobachten begonnen haben, das Ergebnis nicht in einer reiferen, versöhnten Gesellschaft ohne scharfe Trennungslinien, sondern im Anwachsen anderer kollektiver Identitätsformen entlang religiöser, nationalistischer oder ethnischer Formen der Identifikation."

Chantal Mouffé weist völlig zu Recht darauf hin, dass das Negieren gesellschaftlicher und wirtschaftlicher Gegensätze nicht Sicherheit und Harmonie zur Folge hat, sondern Misstrauen, Frust und Politikverdrossenheit und schließlich eine Suche nach Alternativen, die allzu häufig in radikalen Positionen gefunden werden. [15]

Der Politikwissenschaftler Michael Vester erläutert:

> „Unsere Vorstellungen von der Gesellschaftsgliederung sind noch sehr stark von dem Bild einer großen Wohlstandsmitte bestimmt, die nur von einer kleinen Ober- und Unterschicht eingerahmt ist. Diese soziale Ordnung hat sich seit den 1980er Jahren verändert. Jedoch nicht als Rückkehr zur

---

[15] Chantal Mouffe (2008): Das demokratische Paradox, Verlag Turia + Kant, Wien, Berlin, S. 112

früheren Klassengesellschaft, sondern als Weg in neue soziale Schieflagen." [16]

Ich bin davon überzeugt, dass diese Entwicklung auch mit dem Phänomen zu tun, dass sich Politik einer übermächtigen Verwaltung (der Bürokratie) anpasst und nur noch tagespolitisch auf jeweils aktuelle Probleme reagiert. In der Wirtschaftssoziologie nennt man diese Anpassung Inkrementalismus, ein Vorgehen bei Entscheidungen, „das auf grundlegende Veränderungen verzichtet und stattdessen einen geringen, leicht kontrollierbaren Wandel anstrebt, als dessen Maßstab der bestehende Zustand genommen wird". So kann man eine Weile pragmatisch „Kompetenz" vermitteln, aber die ökonomische Wirklichkeit hat schon oft bewiesen: Tue nicht zu lange das vermeintlich Richtige, du verlierst die großen Veränderungen aus dem Auge und dadurch zu schnell den Anschluss. Vor allem in Zeiten revolutionärer Entwicklungen – Stichwort Globalisierung und Digitalisierung – brauchen wir neue ganzheitliche Konzepte.

Der Politikwissenschaftler Franz Walter und andere Autoren sehen den Wandel einer bürgerlich geprägten Mitte in den schweren inhärenten Konflikten und Spaltungsprozessen, denen sie durch ihre Ausdifferenzierung ausgesetzt ist. Denn gerade die verstärkten Abstiegsbedrohungen und die Prozesse realen Statusverlustes treffen diese Mitte der Gesellschaft ins Mark.

---

[16] Michael Vester in: Die Programmdebatte der SPD, Programmheft 4: Teilhabe, Zu-kunftschancen, Gerechtigkeit, Juni 2005, S. 49, http://programmdebatte.spd.de/servlet/PB/show/1669086/060605_Programmheft_4.pdf

„Mit wirtschaftlicher Dauerkrise und verstetigter Arbeitslosigkeit wendete sich das Blatt und die Fiktion einer Einheit der Mitte zerbrach. Ihre Zerklüftung und Zersplitterung werden vor allem im Zerfall in ein soziales Oben und Unten offenbar. Die Spaltung der Gesellschaft ist vor allem eine Spaltung der Mitte. [17]

Es geht nicht mehr um die Mitte, es geht zukünftig um Werte, denen sich die Parteien verpflichtet fühlen. Hier kann das „C" im Parteinamen eine positive Rolle spielen, denn das christliche Wertefundament hat durchaus aktuelle Antworten auf unsere Zeit.

Die CDU und der Mittelstand: Anspruch und Wirklichkeit

Der Duden definiert Ziele einer Politik für die Mitte:

„Ziele der Mittelstandspolitik sind zum Beispiel die Erhaltung und Verbesserung der Wettbewerbsfähigkeit mittelständischer Betriebe gegenüber Großunternehmen, die Erleichterung der Anpassung an Veränderungsprozesse in der Wirtschaft (z.B. Strukturwandel, Globalisierung, Digitalisierung) oder die Stärkung und Förderung der Leistungsfähigkeit kleiner und mittlerer Unternehmen. (...) Schwerpunkte in der Mittelstandsförderung sind:

---

[17] Franz Walter; Christian Werwath; Oliver D` Antonio (2. Überarbeitete Auflage 2014): Die CDU. Entstehung und Verfall christdemokratischer Geschlossenheit, Nomos Baden-Baden, S. 211

1. Schaffung günstiger Rahmenbedingungen für kleine und mittlere Unternehmen, z.B. durch verbesserte steuerliche Absetzbarkeit von handwerklichen und haushaltsnahen Dienstleistungen oder die finanzielle Förderung der energetischen Gebäudesanierung;
2. Abbau von Bürokratie, z.B. durch Beseitigung von besonders Kleinbetriebe belastende Vorschriften, was die Befreiung von Statistikpflichten betrifft;
3. Verbesserung der Hilfen für Existenzgründer, z.B. durch Beschleunigung der Eintragungen in das Handelsregister, Reform des GmbH-Gesetzes zur leichteren Gründung einer GmbH;
4. Verbesserung der Innovationsfähigkeit mittelständischer Betriebe, z.B. mehr finanzielle Mittel für mittelstandsorientierte Technologieförderung;
5. Modernisierung der beruflichen Bildung und Sicherung des Nachwuchses an Fachkräften und Anpassung von Ausbildungsordnungen, verbesserte Verzahnung von Aus- und Weiterbildung;
6. Verbesserung der Finanzierungssituation des Mittelstands, z.B. aus ERP-Mitteln oder Mitteln der KfW-Bankengruppe;
7. Bereitstellung von Wagniskapital;
8. Bessere Unterstützung der mittelständischen Wirtschaft auf Auslandsmärkten, z.B. Übernahme von Exportkreditgarantien und Investitionsgarantien.“ [18]

---

[18] Duden Wirtschaft von A bis Z: Grundlagenwissen für Schule und Studium, Beruf und Alltag, 6. Auflage Mannheim: Bibliografisches Institut 2016. Lizenzausgabe Bonn: Bundeszentrale für Politische Bildung 2016.

Wie haben sich CDU und CSU in den 16 Jahren CDU-geführter Bundesregierungen unter Kanzlerin Merkel zu diesen Themen verhalten?

In der ersten Großen Koalition wurden die Unternehmenssteuern mit der SPD reformiert, Änderungen des Kündigungsschutzes und die Gesundheitsprämie machte die SPD nicht mit. Es kam aber zu einer Erhöhung der Mehrwertsteuer und einer Erhöhung des Renteneintrittsalters.

> „Wer allerdings erwartet hatte, dass der liberale Reformschub nach der Bundestagswahl 2009 nachgeholt würde, als die schon 2005 angestrebte Koalition mit der FDP realisiert werden konnte, sah sich getäuscht. Weder die 2005 angekündigte Liberalisierung des Kündigungsschutzes noch die damals schon geforderte Strukturreform der Einkommensteuer schafften es ins Bundesgesetzblatt; auch die Schritte zur Durchsetzung der Gesundheitsprämie blieben allenfalls vorsichtig, und andere wirtschaftsliberale Reformprojekte wurden, mit sehr wenigen Ausnahmen (etwa der Liberalisierung des Fernbuslinienverkehrs), nicht einmal angegangen. Im Gegenteil kam es sogar zu einer – zunächst sehr vorsichtigen – Modifizierung oder Rücknahme der Liberalisierungsreformen der Vorgängerregierungen, insbesondere der zweiten

> rot-grünen Koalition (unter Bundeskanzler Gerhard Schröder)." [19]

In der dritten Regierung Merkel wurde die Rücknahme der wirtschaftsliberalen Reformen mit mehr Tempo fortgesetzt. Es kam der allgemeine flächendeckende gesetzliche Mindestlohn, die Re-Regulierung der Leiharbeit, die „Mütterrente" und die Rückkehr zur paritätischen Finanzierung der Krankenversicherung mit mehr Belastungen für die mittelständische Wirtschaft.

Die Migrationspolitik und die Aufnahme von fast einer Million Flüchtlinge brachte Merkel 2015 massive Kritik ein, sowohl in den Medien als auch bei den Wählerinnen und Wählern. Sie begann mit einem Abkommen ausgerechnet mit dem Egomanen Erdogan das Problem der Zuwanderung an die Außengrenzen der EU zu verlagern.

Als Fazit schreibt die *Bundeszentrale für Politische Bildung*:

> „Die liberale Wirtschafts- und Sozialpolitik, mit der sie (Merkel) im Wahlkampf 2005 angetreten war, verschwand mit wenigen Ausnahmen bereits zum Amtsantritt und kam auch kaum mehr wieder zum Vorschein – interessanterweise auch nicht in der Koalition mit

---

[19]https://www.bpd.de/shop/zeitschriften/apuz/343509/krisenmodus-statt-visionen, zuletzt geöffnet am 17.3.23

der FDP, die diesen Vorstellungen offen gegenübergestanden hätte.“ [20]

Führende Mittelstandspolitiker des Parlamentskreises Mittelstand (PKM) der Unionsfraktionen im Deutschen Bundestag gaben 2014 der eigenen Regierung eine Mitschuld an der sich eintrübenden Wirtschaftslage. In ihrem Beschluss "Stopp für weitere Belastungen der Wirtschaft" fordern die Unions-Wirtschaftsleute alle künftigen Maßnahmen zur Umsetzung des Koalitionsvertrags und darüber hinaus "auf den Prüfstand zu stellen". Als Beispiele nennen sie die Regulierung von Werkverträgen, Anti-Stress-Regelungen und - die Frauenquote. Damit stellten sich die Mittelständler direkt gegen Angela Merkel (CDU).

Im PKM sind 188 Abgeordnete der damals 311 Unions-Bundestagsabgeordneten organisiert. Die 25 Vorstandsmitglieder fassten den Beschluss einstimmig. Zu ihnen zählen unter anderem PKM-Chef Christian von Stetten, der Chef der Mittelstandsvereinigung Carsten Linnemann, der wirtschaftspolitische Sprecher der Unionsfraktion Joachim Pfeiffer, Ex-Familienministerin Kristina Schröder und mit CDU-Schatzmeister Philipp Murmann sogar ein Präsidiumsmitglied der Bundes-CDU.

---

[20] Am unter 2) angegebenen Ort

Ich möchte ein aktuelles Problem als Beispiel mittelstandsfeindlicher CDU-Politik ansprechen: Vor dem Hintergrund des Fachkräftemangels braucht es ein Mehr an beruflicher Qualifizierung und eine schnellere und großzügige Anerkennung ausländischer Abschlüsse. Gegen das vom ehemaligen Bundesinnenminister Horst Seehofer (CSU) eingebrachte Einwanderungsgesetz wehrte sich die CDU.

Die *Süddeutsche Zeitung* schrieb dazu:

„Es ist zum Verzweifeln. Immer und immer wieder verweigert sich die Union. Sie tut es in letzter Minute, sie tut es wider besseres Wissen. Beim Wort Einwanderung benimmt sich die Union wie ein verunsichertes Springpferd, das am Hindernis den Absprung verweigert. Das war schon oft so. Die Geschichte des Versuchs, Einwanderung gesetzlich zu regeln, ist deshalb eine Geschichte der verpassten Gelegenheiten. Es war und ist zum Schaden des Landes.“[21]

Es ist hanebüchen, mit welchen Einwänden und Forderungen sich die Union verweigert. Im ursprünglich von Bundesinnenminister Horst Seehofer vorgelegten Entwurf steht eine Regelung, wie sie sich die Wirtschaft immer gewünscht hatte: Gut integrierte Flüchtlinge sollen nicht aus ihrer Arbeit herausgerissen und zum Nichtstun verdammt werden.

---

[21] https://www.sueddeutsche.de/politik/einwanderungsgesetz-cdu-csu-prantl-1.4257861 , zuletzt geöffnet am 23.3.2023

Das neue Einwanderungsgesetz der Ampel-Koalition wird erneut, jetzt von der CSU, abgelehnt. Der bayerische CSU-Fraktionschef Thomas Kreuzer vertritt jetzt den Standpunkt, es gebe keine Notwendigkeit für ein derartiges Gesetz. Deutschland plane die „Blue Card" und biete bereits Menschen mit Arbeitsvertrag oder Studierenden Zuwanderung. Es sei eine Täuschung, so Kreuzer, „wenn man sagt, dass jeder Flüchtling morgen Facharbeiter sein kann". Viele wollten nur im deutschen Sozialsystem landen. „Das müssen wir stoppen." Bei einem Einwanderungsgesetz werde die CSU nicht mitmachen.

Der Geschäftsführer eines Berufsverbands auf meine Frage, warum Union und FDP gegen das Einwanderungsgesetz sind:

> „Ein Einwanderungsgesetz fordern wir seit Langem. Ohne können wir nicht überleben. Wir sind in dieser Frage auch mit CDU und FDP über Kreuz. Wie wollen die das denn sonst lösen?"

Dieses Hin und Her in Sachen Einwanderungsgesetz zeigt, dass nicht mittelständische Interessen im Mittelpunkt der Union stehen. Es ist doch nachgerade peinlich, wenn eine staatstragende Partei immer noch nicht wahrhaben will, dass unser Land seit vielen Jahrzehnten ein Einwanderungsland ist und insbesondere deshalb so viele Probleme auftreten, weil es keine klaren gesetzlichen Vorgaben gibt.

Die *Frankfurter Rundschau* fasst das Thema Mittelstandspartei CDU zusammen:

„Dass die CDU überwiegend Politik für die Reichen macht, verwundert nicht. Denn die Verflechtungen der Partei mit der Wirtschaft gehen bis an die Anfänge der Christdemokarten unter Konrad Adenauer zurück.

Mit 14,5 Millionen Euro Nebenverdiensten liegen die Bundestagsabgeordneten der CDU/CSU klar vor allen anderen Fraktionen. Auch bei Großspenden ist die Union einsame Spitzenreiterin. Mit der Bundestagswahl 2021 steht erneut die Frage im Raum: Wie gelingt es der CDU stets, ihr Image als Volkspartei aufrecht zu erhalten? Die Wählerinnen und Wähler sollte es längst nicht mehr wundern, wenn wieder einer ihrer Deals mit wirtschaftlichen Sonderinteressen auffliegt. Seitens der Partei werden solche Affären meist zu moralischen Verfehlungen Einzelner heruntergespielt. Ihre Häufung über Jahrzehnte deutet aber recht eindeutig auf ein strukturelles Problem hin. (...) Zentral waren im Finanzierungssystem der CDU die sogenannten Fördergesellschaften und Spendenzeitschriften wie das „Wirtschaftsbild". Damit verkaufte die Partei eine überteuerte Zeitschrift von nur wenigen Seiten mit wirtschaftspolitischen Informationen an Unternehmen. Diese konnten den Erwerb, den sie sich bis zu 100 Mark pro Ausgabe kosten ließen, als Betriebskosten steuerlich absetzen. Das „Wirtschaftsbild" spülte von 1953 bis 1960 jährlich durchschnittlich zwei Millionen Mark in die Kassen der CDU. (...) Es kann deshalb nicht verwundern, dass die CDU überwiegend Politik für Arbeitgeber/innen, die Vermögenden und Reichen dieses Landes macht. Ebenso wenig kann es überraschen, dass immer wieder Fälle bekannt werden, bei denen Unions-Politiker/innen von Unternehmen begünstigt werden und dies verschleiern. Erstaunlich ist eher, dass sich die Unionsfraktion gezwungen sah, ihre Abgeordneten zu einer Art Ehrenerklärung aufzufordern, dass sie in Corona-Zeiten keine lukrativen Geschäfte mit Masken abgeschlossen haben. Diese wurde allerdings nicht von allen Abgeordneten abgegeben. Das Erbe der CDU, die sich der Großwirtschaft auch aus finanziellen Gründen eng verbunden sieht, aber lieber keine Transparenz herstellen möchte, bleibt erhalten. (Anne Zetsche) [22]

Auch die Bildungspolitik der CDU ist offenbar nicht auf den Mittelstand fokussiert. Die CDU-Politikerin Mechthild Löhr findet, dass die lebensferne Bildungspolitik der CDU nicht auf Fachkräfte und Praktiker der mittelständischen Betriebe ausgerichtet ist. Die CDU kümmere sich bildungspolitisch nur um das, was gut anzukommen scheint.

Lassen Sie uns abschließend einen Blick auf die CDU/CSU-Landwirtschaftspolitik wagen. Unsere Landwirtschaft ist ein bedeutender Wirtschaftsbereich. Auch hier zeigt sich, dass es der Union nicht um kleine und mittlere Landwirte geht, sondern auch hier wieder Politik vor allem für die Großen.

---

[22] https://www.fr.de/politik/parteifinanzen-bei-der-cdu-geld-ist-die-hauptsache-90983402.html, zuletzt aufgerufen am 21.3.23

Die Direktzahlungen an die Landwirtschaft werden mit 374 Milliarden € in den kommenden 7 Jahren auch weiterhin der zweitgrößte Ausgabenblock der EU sein. Die europäischen Bauernverbände sind der Überzeugung, dass das Einkommen der Landwirte ohne die Subventionen wegen der weltweiten Konkurrenz und den niedrigen Lebensmittelpreisen nicht ausreichen würde.

Leider sind nur die Eigentümer großer landwirtschaftlich genutzter Flächen die wahren Gewinner dieser Subventionen. 1995 gab es noch 555.000 Höfe in Europa, 2019 waren es gerade noch 266.000. Wie *DIE ZEIT* berichtet, hat dies auch der Europäische Rechnungshof bemängelt. Es profitierten vor allem Großgrundbesitzer, vor dem Brexit auch der britische Königshof oder der Premierminister von Tschechien, der über großen Landbesitz verfügt und auch die Aldi-Erben, die ihre Gewinne in Grund und Boden investieren und so die Direktzahlungen der EU kassieren.

Während ein Hof mit 50 Hektar jährlich nur ca. 14.000 Euro Einkommensstütze erhält, bringt es ein Großbetrieb von 5.000 Hektar auf satte 1,4 Millionen Euro. Lediglich 0,5 Prozent der Höfe in Deutschland bekommen so pro Jahr mehr als 300.000 Euro aus Brüssel an Ausgleichszahlungen.

Vielerorts verschwinden Insekten und Vögel aus der Landschaft, die Nitratwerte (Gülle) im Trinkwasser steigen unverantwortlich, die industrielle Landwirtschaft mit einem umweltschädigenden Einsatz von Düngern und Pestiziden überstrapaziert auch weiterhin unsere Böden. Die Regierungen der EU-Mitgliedstaaten wollen auch zukünftig nur 20 % der Direktsubventionen an Umweltauflagen knüpfen. Das ist aus meiner Sicht ein Skandal. Nicht, dass Sie glauben, bei diesen Regierungen handele es sich um die osteuropäischen Länder allein, auch die Bundesregierung ist fest in den Händen der Eigentümer großer Höfe.

Nach Umweltschützern haben nun auch Vertreter der Agrarwirtschaft eine grundlegende Reform der EU-Agrarsubventionen gefordert. Die Direktzahlungen in Milliardenhöhe müssten Stück für Stück abgeschafft werden, sagten die Präsidenten der Deutschen Landwirtschafts-Gesellschaft (DLG) und des Öko-Anbauverbandes Bioland der *Neuen Osnabrücker Zeitung*.

> "Eine pauschale Flächenbeihilfe hilft am Ende nur den Verpächtern, nicht aber den Bauern", sagte DLG-Präsident Hubertus Paetow. „Bislang bekommen große Betriebe viel Geld, da sich die Subventionshöhe nach der bearbeiteten Fläche richtet.“ [23]

Bioland-Chef Jan Plagge sagte, die Zahlungen müssten an gesamtgesellschaftliche Leistungen der Landwirtschaft, etwa für den Umwelt- oder

---

[23] https://www.agrarheute.com/politik/direktzahlungen-noetig-ueberfluessig-551799, zuletzt geöffnet am 1.4.2023

Tierschutz, gekoppelt werden, nicht aber an die Fläche.

Der schrumpfende EU-Haushalt für die gemeinsame Agrarpolitik bedeutet auch weniger Geld für deutsche Landwirte. Von rund 44 Milliarden im aktuellen Sieben-Jahres-Zeitraum sinken die Fördermittel auf 41 Milliarden für 2021 bis 27. Dieses Geld soll flexibler und unbürokratischer ausgegeben werden, kündigte in Brüssel EU-Landwirtschaftskommissar Phil Hogan an. Die Kommission will außerdem Nachwuchs-Landwirte besser fördern und zehn Milliarden Euro für Forschung im Bereich Landwirtschaft und ländlicher Raum bereitstellen.

Dem CDU-Agrarpolitiker im EU-Parlament Peter Jahr geht die Kommission nicht weit genug. Die neuen Freiheitsgrade für die Mitgliedsstaaten seien nur noch ansatzweise erkennbar. Auch die von der Kommission präsentierten Obergrenzen der Förderung hält Jahr für kontraproduktiv. Niemand wisse, woraus sich diese Zahlen ableiteten. Die erste Säule, also die Direktzahlungen, würden systematisch mit sogenannten Öko-Konditionalitäten überfrachtet, so die Kritik des CDU-Abgeordneten. [24]

Es soll möglichst alles bleiben, wie es ist. Die Großen wird es freuen. Große Investoren mit vielen tausend Hektar sind gar keine Bauern im eigentlichen Sinn.

---

[24] https://www.deutschlandfunk.de/plaene-zur-eu-agrarpolitik-weniger-subventionen-fuer-100.html, zuletzt geöffnet am 24.3.23

„Dazu gehören das Pharma-Unternehmen Merkle, der Remondis-Gründer Rethmann, der Heiztechnik-Hersteller Martin Viessman, sowie Möbelfabrikant und Mischkonzernbesitzer Steinhof. Dazu kommen der Großindustrielle Silvio Dornier, der Einzelhändler Aldi Nord und die Eigentümer des Logistik-Unternehmens Fiege. Um nur einige zu nennen", lese ich bei agrarheute. [25]

Sicherheit als Zivilreligion

Sicherheit ist ein allumfassender Komplexbegriff – von der Brandschutztreppe bis zur NSA-Bespitzelung dient alles vermeintlich der Sicherheit. Selbstverständlich muss die Polizei in der Lage sein, Verbrechen wirksam zu bekämpfen, dazu gehören auch Delikte im Internet. In Deutschland gibt es derzeit ca. 5 Millionen Straftaten im Jahr, davon allerdings ca. 2 Millionen Diebstahlsdelikte. Straftaten gegen das Leben gab es 2021 2.980. Die Gesamtaufklärungsquote lag laut Statista 2021 bei 58,7 %. Von den Tötungsdelikten wurden 95 % aufgeklärt. Im Jahr 2021 betrug der Anteil der Vermögens- und Fälschungsdelikte an allen Straftaten mit dem "Tatmittel Internet" 68,2 Prozent. Der überwiegende Teil davon waren Betrugsdelikte, diese machten 65,1 Prozent aller Straftaten mit dem "Tatmittel Internet" aus. Bundesweit lag die

---

25 https://www.agrarheute.com/management/finanzen/reichsten-bauern-deutschland-gar-keine-bauern-588842, zuletzt geöffnet am 24.3.23

Aufklärungsquote bei Cyberangriffen bei rund 29 Prozent. Gründe hierfür sind unter anderem die komplexe Ermittlung von vielfach im Ausland befindlichen Tätern. Der Phänomenbereich Cybercrime ist zudem weiterhin von einem überdurchschnittlich großen Dunkelfeld geprägt, da Straftaten sehr häufig nicht angezeigt werden.

Was wollen CDU und CSU für die innere Sicherheit tun? In ihrem Wahlprogramm 2021 heißt es:

> „Die Union setzt auf eine harte Linie: Mehr Polizeipräsenz, Videoüberwachung mit intelligenter Technik im öffentlichen Raum, automatisierte Gesichtserkennung, Bodycams auch bei Einsätzen in Wohnräumen. Der Staat müsse hart gegen Straftäter, Terroristen und Clans vorgehen. Außerdem will die Union erneut darauf hinwirken, auf europäischer Ebene eine grundrechtskonforme Regelung zur Speicherung und zum Abruf von Telefonnummern und IP-Adressen zu schaffen, die den Einsatz der sogenannten Vorratsdatenspeicherung als schärfster Waffe im Kampf gegen den Kindesmissbrauch ermöglicht". [26]

Der Einsatz automatisierter Systeme zur Gesichtserkennung ist schon seit Jahren umstritten. Vor allem Strafverfolger und eher konservative

---

[26] https://www.deutschlandfunk.de/bundestagswahl-2021-union-auf-dieses-wahlprogramm-haben-100.html, zuletzt geöffnet am 23.3.23

Politiker/innen machen sich für die Einführung solcher Systeme stark, Datenschützer und liberale Kreise sprechen sich dagegen aus. Automatische Gesichtserkennung im öffentlichen Raum? Das ist eine Dystopie, die eher nach China passt. Automatische Gesichtserkennung dreht die Beweislast im öffentlichen Raum um. Sie ist ein tiefer Einschnitt in die Privatsphäre und Freiheitsrechte der Bürger.

Der Europäische Gerichtshof hat die präventive Vorratsdatenspeicherung für unzulässig erklärt. 2020 hat der Europäische Gerichtshof erneut klargestellt, dass die vorsorgliche Speicherung dieser sensiblen Informationen nur für den Fall, dass sie einmal nützlich sein könnten, rechtswidrig ist. Wenn überhaupt, ist eine neue Regelung notwendig, die die Vorgaben des EuGH aus dem aktuellen Urteil beachtet. Denn hier haben die Luxemburger Richterinnen und Richter deutlich gemacht, dass eine Speicherung der sensiblen Informationen nur in sehr eng umgrenzten Ausnahmefällen angeordnet werden darf. Nach sieben Jahren Unklarheit über das deutsche Gesetz zur Vorratsdatenspeicherung hat das Bundesverfassungsgericht dieses am 30. März 2023 für unanwendbar und unvereinbar mit dem EU-Recht erklärt. „Mit seinem Urteil bestätigt und bekräftigt das Bundesverfassungsgericht die Rechtsprechung des Europäischen Gerichtshofs zur Vorratsdatenspeicherung und stellt klar: Es gibt keinen Spielraum im deutschen Recht, die anlasslose Vorratsdatenspeicherung weiter durchzuführen.

Videoüberwachung findet schon in vielen Städten statt. Aber auch hier gibt es rechtliche Grenzen. Eine täuschend echt aussehende Kamera-Attrappe, die ein Vermieter aufgestellt hatte, hat das Landgericht Berlin im Jahr 2018 für unzulässig erklärt (Az. 67 S 305/17). Die Attrappe beeinträchtige das allgemeine Persönlichkeitsrecht des Mieters („Überwachungsdruck"). Videoüberwachung im öffentlichen Raum regelt § 4 BDSG (Bundesdatenschutzgesetz). Die Speicherung oder Verwendung von nach Absatz 1 erhobenen Daten ist zulässig, wenn sie zum Erreichen des verfolgten Zwecks erforderlich ist und keine Anhaltspunkte bestehen, dass schutzwürdige Interessen der betroffenen Personen überwiegen.

Diese Forderungen werden von Konservativen immer wieder gestellt. CDU und CSU meinen, die Bürgerinnen und Bürger wollen einen „starken Staat" bei der Verbrechensbekämpfung. Das ist gerade bei älteren Mitmenschen sehr häufig auch der Fall. Wenn aber Parteien rechtliche Bedenken auch höchster Gerichte außer Acht lassen um der Wählerstimmen willen, ist dies allemal fragwürdig. Es ist schon auffällig, dass alle Parteien rechts der Mitte den Hang zum „law and order" haben und negieren, dass jede Form der Überwachung für jede und jeden von uns große Nachteile haben kann. Ich erinnere nur an die Schleierfahndung im Zusammenhang mit den RAF-Morden. Bei der Schleierfahndung werden verdeckt („verschleiert") in Form einer allgemeinen Fahndung verdachtsunabhängige Personenkontrollen durchgeführt. Zum Teil wird auch von ereignisunabhängigen, anlassunabhängigen oder – bei der Bundespolizei – lageorientierten

Personenkontrollen gesprochen. Damals wurden völlig Unschuldige nicht mehr zum öffentlichen Dienst zugelassen, weil sie ohne Grund in diese Fahndung geraten waren.

Zu den bei Konservativen wiederkehrenden Forderungen gehört auch die Abschaffung der Anonymität im Internet, die rechtsstaatlich unsensible Mitglieder und Funktionäre vor allem rechter Parteien immer und immer wieder fordern.

> „Der Wesenskern von Verschlüsselung ist der Schutz der Integrität und Authentizität von Daten gegenüber Versuchen, Verschlüsselungsverfahren zu verbieten oder mittels eingebauter Hintertüren staatlicher Kontrolle zu unterwerfen, sind bisher an technischen Realitäten gescheitert. Der Wesenskern von Verschlüsselung ist der Schutz der Integrität und Authentizität von Daten gegenüber unautorisierten Dritten, also auch staatlichen Stellen. Die Schwächung von Verschlüsselung würde die Cyber-Sicherheit im Zeitalter der Hacker und Cyber-Konflikte nachhaltig negativ beeinträchtigen, so dass der Weg des Verbots nicht ratsam ist. (...) Neue Ermittlungsmethoden haben schon gezeigt, dass die Anonymität von Straftätern selbst im Dark Net kein unüberwindbares Hindernis mehr ist. Allerdings gleicht der Kampf gegen die Kriminalität im Dark Web einem stetigen Katz-und-Maus-Spiel. Auch die Kriminellen verwenden immer neue Methoden und die Polizei muss darauf reagieren. Damit sie dazu in der Lage ist,

müssen innerhalb der EU mehr finanzielle Mittel für Personal, Ausbildung und Kooperation bereitgestellt und mehr Beamte in Verfahren der digitalen Technik geschult werden. Dieser Weg ist zwar kostenintensiver, aber auch nachhaltiger als scheinbar schnelle Lösungen in Form von Verboten oder einer Überregulierung, die technisch und politisch kaum ohne Kollateralschäden umsetzbar wären. [27]

Zusammenfassend fragt man sich, wo liegen die Ursachen für dieses Vertrauen in einen starken Staat in Sachen Sicherheit, wo gerade wir doch in unserer Geschichte erlebt haben, wie schnell ein starker Staat ausufern kann.

> „Konservatives Denken baut auf Erfahrung und Pragmatismus, Realismus, Induktion, Instinkt und Gefühl, Brauchtum und Vorurteil (prejudice) im Sinne Edmund Burkes als „wisdom without reflection", als Vereinigung von Gefühl und Verstand. Es qualifiziert statt zu quantifizieren und bevorzugt das Konkrete vor dem Abstrakten, das Besondere vor dem Allgemeinen. (...) Aus dem konservativen Menschenbild folgt auch die Bedeutung von Ordnung und Tradition. Die fehlerhafte Menschennatur samt ihrer Leidenschaften bedarf der Bändigung durch eine Ordnung, die ihrerseits der Stabilität bedarf. Diese gewinnt sie durch Tradition und durch

---

[27] https://www.swp-berlin.org/publikation/kriminalitaetsbekaempfung-im-dark-net, zuletzt geöffnet am 23.3.23

> Transzendenz: die Ordnung geht über die innerweltlichen Angelegenheiten hinaus und steht für den Konservativen des 19. Jahrhunderts in einem (mehr oder weniger betont) religiösen, kosmologischen Zusammenhang. Sie ist daher auch transzendenten Ursprungs und wird durch die Tradition als „Fideikommiß" (Burke) vererbt; insofern stellt Dauerhaftigkeit einen legitimierenden Wert an sich dar. (...) Der Konservative bevorzugt das bewährt Gewordene, das `tried and true` und insbesondere die bestehenden Institutionen gegenüber dem unerprobt Möglichen. Er will die Substanz dieser Ordnung erhalten, was akzidentielle Reformen zum Zwecke ihrer Bewahrung keineswegs aus-, sondern vielmehr einschließt, wobei die Einschätzung von Substanz und Akzidenz ein stetes Problem darstellt, das wiederum pragmatischer Abwägung überlassen bleibt und zugleich spezifische Differenzen zwischen Konservativen offenbart.[28]

Wir alle kennen die Neigung zum Erprobten, wenn es um unsere Gewohnheiten geht. Gewohnheiten erleichtern tägliche Abläufe, weil man nicht viel nachdenken muss. Gleichzeitig vermitteln Gewohnheiten ein Gefühl von Sicherheit und Stabilität. Gute wie schlechte

---

[28]Veröffentlichungen des Deutschen Historischen Instituts London, herausgegeben von Hagen Schulze, Band 52, Andreas Rödder (2002): Die radikale Herausforderung. Die politische Kultur der englischen Konservativen zwischen ländlicher Tradition und industrieller Moderne (1846–1868), R. Oldenbourg Verlag München, S.

Gewohnheiten speichert das Gehirn dauerhaft ab. Sie zu ändern bedarf großer Willenskraft. In angespannten Situationen kehren wir tendenziell zu diesem Verhalten zurück, weil die nötige Aufmerksamkeit und Anstrengungsbereitschaft fehlen, sich auf neue Verhaltensweisen einzulassen.

Das Problematische am konservativen Denken ist, dass aus der Unvollkommenheit des Menschen die Kontinuität besondere Betonung findet, die aber selbst von der Unvollkommenheit der Menschen geprägt ist. Aus dieser „Mäßigung des kreativen Denkens" heraus erwächst eben die Liebe zum Gewohnten und die schnelle vorurteilsbehaftete Ablehnung allem Neuen und Fremden gegenüber. So sind im Übrigen auch die islamischen Vereinfacher zu erklären, die die Moral des Respekts vor eigenen Traditionen, etwa im Geschlechterverhältnis, so stark machen, dass die moderne Umwelt Westeuropas als feindlich angesehen werden muss. [29]

Haben wir vielleicht darum verlernt Gott zu loben, weil der Glaube durch das Prinzip Sicherheit ersetzt wurde? Vielleicht ist die These verwegen, aber tief in unserem Inneren scheint der Verlust des Gottesglaubens mit einem Verlust an Offenheit gegenüber dem Leben einherzugehen.

> „Ich behaupte, dass die immer weiter getriebene Perfektionierung unserer Sicherheitsleistungen sowohl auf der Seite der Subjekte wie auf der der

---

[29] Hierzu auch: https://www.ls1.soziologie.uni-muenchen.de/personen/professor/nassehi/publikationen/2016/stunde-der-konservativen.pdf, zuletzt geöffnet am 23.3.23

> objektiven Strukturen eine gefährliche, lebensfeindliche Dynamik freisetzt, dass das Streben nach Sicherheit längst jedes vernünftige Maß überschritten hat und zur kollektiven Obsession geworden ist, dass wir drauf und dran sind, dem Götzen Sicherheit alles zu opfern, was schützenswert ist.“ [30]

Hier bilden CDU und vor allem die CSU die Speerspitze dieser Bewegung.

[30] Strasser, Johannes (1986): Sicherheit als destruktives Ideal. In: Psychologie heute, Heft Mai 1986, S. 31

Die Migrationspolitik

Aus alledem erklären sich auch Muster der Migrationspolitik konservativer Parteien, wie auch die von CDU und CSU. Bei der Migrationspolitik gehen die Vorstellungen der Parteien deutlich auseinander. Während die AfD bestehende Regelungen deutlich verschärfen will, bekennen sich die anderen Parteien zum Recht auf Asyl. Viel Kritik gibt es am europäischen Asylsystem. Für die Integration Geflüchteter in Deutschland messen alle Parteien dem Spracherwerb eine Schlüsselrolle zu. SPD, Grüne, FDP und Linke wollen Mehrstaatigkeit grundsätzlich zulassen und Hürden bei Einbürgerungen abschaffen, lese ich auf tagesschau.de.

> „CDU-Chef Friedrich Merz fiel bisher eher mit scharfen Tönen auf. Im Herbst bezichtigte er Geflüchtete aus der Ukraine des "Sozialtourismus", wofür er sich tags darauf entschuldigte. Nach den Silvesterkrawallen in Berlin sprach Merz von ´kleinen Paschas` und forderte harte Konsequenzen für Jugendliche aus dem arabischen Raum, die Regeln missachten. `Und wer sich nicht daranhält, man muss es deutlich sagen, der hat in diesem Land nichts zu suchen`, so formulierte er es im ZDF.
>
> Dafür, dass er ein Problem klar benennt, bekommt Merz viel Zustimmung aus den eigenen Reihen. Doch der Ton sorgt für Kritik, wenn auch nur wenige sie so offen äußern wie

Daniel Günther, Ministerpräsident in Schleswig-Holstein. Der CDU-Politiker forderte im "*Tagesspiegel*", seine Partei müsse weltoffener sein, Zuwanderung positiver sehen und sich sensibler ausdrücken. (...)

Dass die Union hier bisher keine Geschlossenheit zeigt, erwies sich im Dezember im Bundestag. SPD, Grüne und FDP brachten ihre Pläne ein, gut integrierten Flüchtlingen, die seit mindestens fünf Jahren in Deutschland nur geduldet sind, ein Aufenthaltsrecht und Zugang zum Arbeitsmarkt zu ermöglichen.

Die Union stimmte dagegen - aber 20 Abgeordnete der Fraktion enthielten sich, weil sie die Regierungspläne teilweise richtig fanden. Sie begründeten das sogar schwarz auf weiß, mit persönlicher Unterschrift. Ein Zehntel der Fraktion ist ein kleiner Teil, dennoch ist so viel Abweichung gerade für die Union unüblich." [31]

Nun darf man nicht so tun, als ob die Zuwanderung nach Deutschland keine Probleme mit sich brächte, und Diskussionen hierüber nur deshalb moralisch falsch seien, weil es aus der Perspektive von intellektuellen Eliten und Mittelschichten dafür keinen Grund gäbe. Es gibt gute Gründe dafür, Zuwanderung sehr differenziert zu sehen und ebenso zu handeln. Auch in CDU und CSU will niemand das Asylrecht kippen. Und selbstverständlich hat ein Einwanderungsland ein nachvollziehbares Interesse daran, dass Zuwanderer nicht unverzüglich dem Sozialsystem anheimfallen. Man schaue nur, wie sich die Australier dagegen schützen. Ein

[31] https://www.tagesschau.de/inland/innenpolitik/union-migration-101.html, zuletzt geöffnet am 23.3.23

Einwanderungsland hat auch einen Anspruch darauf, dass ein Interesse an der Kultur und der Sprache des Einwanderungslandes besteht. Vorzuwerfen aber sind rassistische Vorurteile gegen Schwarze, Araber oder auch Türken. Auch die allzu schnelle Ablehnung ausländischer Berufsabschlüsse geraten in dieses Fahrwasser. Gleiches gilt für die Einschätzung, ein großer Teil der Kriminalität ginge auf das Konto von Ausländer/innen und Migrant/innen. Ihr Verhalten ist absolut vergleichbar mit dem Fehlverhalten deutscher Bürger/innen. Oder ich denke an die verbalen Ausfälle konservativer Politiker/innen nach den Ausschreitungen in der Silvesternacht in Köln. Wenn man insbesondere junge Männer ohne berufliche und gesellschaftliche Perspektive lässt, muss mit solchen Ausfällen gerechnet werden. Integration ist auch Aufgabe des Einwanderungslandes.

Der Alterspräsident des Abgeordnetenhauses von Berlin, das CDU-Urgestein Kurt Wansner verkündet auf Facebook: „Wir müssen auch mit der türkischen Regierung besprechen, wann auch sie ihre Bürger in ihr Land zurückholt. Die finanzielle Belastung für die Millionen Migranten kann sich die Bevölkerung in Deutschland nicht mehr leisten.“ Ob Herr Wansner nicht zur Kenntnis genommen hat, dass die meisten türkischen Mitbürger/innen wichtige Facharbeitsplätze in unserem Land besetzen, die dringend benötigt werden? In den Jahren 2010 bis 2021 wurde ca. 250.000 Türken auch eingebürgert, erhielten also die deutsche Staatsbürgerschaft.

Nach Ergebnissen des Mikrozensus lebten 2021 in Deutschland 14,2 Millionen Menschen aller Nationen, die seit 1950 selbst eingewandert sind. Wie das Statistische Bundesamt (Destatis) anlässlich der erstmaligen

Veröffentlichung von Ergebnissen zum Konzept der Eingewanderten (erste Generation) und ihren direkten Nachkommen (zweite Generation) mitteilt, betrug der Anteil der Eingewanderten an der Bevölkerung 17,3 %. Weitere 4,7 Millionen Personen (5,7 %) waren direkte Nachkommen von Eingewanderten. Diese Personen wurden selbst in Deutschland geboren, es sind aber beide Elternteile seit 1950 nach Deutschland eingewandert.[32]

Wie kann jemand auf die Idee kommen, die Bundesregierung solle ausgerechnet mit Herrn Erdogan Verhandlungen über eine Rückführung der Türken aufnehmen, die zu einem großen Teil 50 Jahre und länger hier leben oder hier geboren wurden? Solche Äußerungen zeigen die Unwissenheit ihrer Autoren und den Hang zu Vorurteilen, keine guten Begleiter einer qualifizierten Politik.

Umwelt und Nachhaltigkeit

Zwei Drittel der mittelständischen Unternehmen sind nach eigenen Angaben bereits jetzt direkt vom Klimawandel betroffen. Obwohl viele glauben, dass die Auswirkungen in Zukunft noch größer werden, haben nur wenige Unternehmen Gegenmaßnahmen umgesetzt.

Drei von zehn Mittelständlern müssen in Zukunft ihre Produkte und Geschäftsstrategien anpassen, um ihr Unternehmen auf den Klimawandel vorzubereiten. Jeder Vierte verzeichnet bereits jetzt einen höheren Energiebedarf,

---

[32] https://www.destatis.de/DE/Presse/Pressemitteilungen/2023/03/PD23_080_12.html, zuletzt geöffnet am 21.4.2023

weil er beispielsweise seine Anlagen während der Hitzeperioden stärker kühlen muss. Insgesamt spüren 66 Prozent der mittelständischen Unternehmen inzwischen die Folgen des Klimawandels. Das ist das Ergebnis einer Umfrage von Kantar Media im Auftrag der DZ Bank. Dabei wurden rund 700 deutsche Unternehmen mit einem Jahresumsatz zwischen 250.000 Euro und 125 Millionen Euro befragt. Die deutlich höheren Energiekosten sind Ende 2022 für KMU die größte Herausforderung. [33]

Die CDU/CSU-Fraktion im Bundestag hat 2020 ihre Bedingungen formuliert, unter denen sie den ´Green Deal´ der EU-Kommission unterstützt: Demnach soll es mehr Klimaschutz und Nachhaltigkeit nur geben, wenn Deutschland unter anderem bei den künftigen CO2-Einsparungen entlastet wird.

Außerdem soll die EU auf ein Klimagesetz verzichten, die Regeln etwa für die Chemie-, Auto- und Agrarindustrie nicht verschärfen und den Europäischen Emissionshandel ausweiten. Das sind Kernpunkte eines Positionspapiers, das die Fraktion in Berlin verabschiedet hat.
Die CDU/CSU-Bundestagsfraktion plant die Zeitreise zurück in die Vor-Klimaschutz-Welt - 13-seitiges Positionspapier offenbart die Fernsteuerung der Unionsfraktion durch die alten Automobil- und Energiekonzerne - Deutsche Umwelthilfe wird sich ab sofort mit aller Kraft gegen den geplanten Ausstieg aus den Klimazielen und Aufweichungen der Grenzwerte von CO2, Luft- und Wasserschadstoffen stemmen - CDU/CSU bläst zum Generalangriff auf den ´Green Deal´ der EU-Kommission.“

---

[33] Hierzu mehr in: Klaus-Dieter Müller (2023): Innovativ Selbstständig Sozialdemokratisch. Dietz-Verlag Bonn und Berlin, S. 84

Die Deutsche Umwelthilfe (DUH) kritisiert das 13-seitige Positionspapier der Bundestagsfraktion von CDU/ CSU als "Frontalangriff auf den Klimaschutz im Windschatten der Corona-Pandemie". [34]

Dazu Jürgen Resch, Bundesgeschäftsführer der DUH:

"Selten wurde die Fernsteuerung einer ganzen Bundestagsfraktion einer Regierungspartei durch alte Auto- und Energiekonzerne so deutlich wie bei diesem Gruselpapier der Unionsfraktion. Bereits Ende März mehrten sich die Zeichen, dass die Firmen, die bis zuletzt klimafeindliche sowie Luft und Wasser belastende Produkte erzeugen, im Windschatten der Corona-Pandemie eine Zeitreise zurück in die Vor-Klimaschutz-Welt planen. Die nationale wie europäische Klimaschutzpolitik wird mit Vorschlägen verhöhnt, wie anstelle eines generellen Tempolimits Bäume in Peru zu pflanzen. Selbst die bereits für 2030 beschlossenen Pkw-Flottengrenzwerte sollen nach dieser Wunschliste aus den Konzernzentralen der alten Auto- und Energiekonzerne durch ineffizienten Emissionshandel ersetzt werden. US-Präsident Trump hat den Widerstand gegen die Weltgesundheitsorganisation WHO vorgemacht, nun will auch die CDU/CSU Grenzwertverschärfungen bei Dieselabgasgift NO2 und Partikeln auf Basis von WHO-Vorgaben verhindern."

---

[34] https://www.presseportal.de/pm/22521/4595863, zuletzt aufgerufen am 15.4.2023

Dazu Sascha Müller-Kraenner, ebenfalls Geschäftsführung der DUH:

> "Das ist eine Frontalattacke auf das europäische Klimaziel und damit auf Kommissionspräsidentin von der Leyen. Damit wird das zentrale Projekt der neuen EU-Kommission in Frage gestellt. Der EU Green Deal muss auch der Kompass für alle nationalen und europäischen Konjunkturhilfen sein. Wer wie die Unionsfraktion auf dem angeblichen Widerspruch von Klimaschutz und Wirtschaftlichkeit verharrt, denkt offensichtlich nicht an die Zukunft." [35]

Ohne Klimaschutz geht es in moderner Politik nicht mehr. Was heißt das für konservative Parteien? Der neue parteinahe Verein Klimaunion will CDU und CSU jetzt bessere Klimapolitik beibringen.

> „Wir sind angetreten, weil wir denken, es geht besser und es muss auch leider besser gehen", sagt Bianca Praetorius im Interview mit dem Deutschlandfunk. Sie ist eine der Gründerinnen der sogenannten Klimaunion, ein Verein, der CDU und CSU fit machen will in Sachen Klimaschutz. [36]

Die Klimaunion will die Erderwärmung auf 1,5 Grad begrenzen. Dazu hat sich Deutschland im Pariser

---

[35] https://www.presseportal.de/pm/22521/4595863, zuletzt aufgerufen am 15.4.2023

[36] https://www.deutschlandfunk.de/klimaunion-ein-verein-lehrt-cdu-und-csu-mehr-klimaschutz-100.html, zuletzt aufgerufen am 15.4.2023

Klimaabkommen ohnehin bekannt. Die Frage ist nur, wie und mit welchen Vorgaben das erreicht werden soll. Die Union will bis 2045 klimaneutral werden - viel zu spät, glaubt die Klimaunion und peilt 2030 bis 2040 an.

In einem Positionspapier formuliert sie deshalb konkrete Ziele für den Ausbau der Erneuerbaren - einen Ausbau, den der ehemalige Union-Kanzlerkandidat Armin Laschet in NRW durch strengere Abstandsregeln bei Windrädern bisweilen blockieren wollte.

Die Klimaunion fordert: 85 Gigawatt Photovoltaik müsse jedes Jahr zugebaut werden. Ansonsten sei das 1,5-Grad-Ziel kaum zu erreichen.

> "Na, da liegen ja Lichtjahre zwischen dem Positionspapier der CDU und den Zielen der Klimaunion. Das, was die Klimaunion aufgeschrieben hat, geht deutlich über das hinaus, was die Grünen fordern", bilanziert Volker Quaschning, Professor für Regenerative Energiesysteme an der HTW Berlin. Was die CDU daraus gemacht hat, sieht er kritisch:
>
> > „Da geht es darum, sich einen schönen Anstrich für den Wahlkampf zu geben.“ [37]

Jetzt will sich die CDU neu als Klimapartei profilieren. Aber auf zentrale Fragen hat die Union keine Antwort oder wie beim Atomausstieg eine wankelmütige Haltung – und ihr Chef Friedrich Merz macht wenig Anstalten, das zu

---

[37] https://www.zdf.de/nachrichten/politik/klimaunion-cdu-bundestagswahl-100.html, zuletzt aufgerufen am 15.4.2023

ändern.[38] Vor allem aber ist die Union nicht bereit, ihre Klientel, die Konzerne, in ihren klimaschädlichen Gewohnheiten zu bremsen.

Digitalisierung

Die Digitalisierung ist ein Megatrend der Gesellschaft. Ursprünglich meint Digitalisierung die Umwandlung von analogen Prozessen oder Inhalten in eine digitale Form, inzwischen kann aber von einer völligen Umwandlung der Verhältnisse gesprochen werden, geradezu von einer Transformation. Jedoch muss darauf hingewiesen werden, dass Transformation ein bestimmtes geplantes Ziel beinhaltet, und genau dies ist bei der Digitalisierung nicht der Fall. Das Ergebnis der Entwicklung ist offen. Die Vernetzung von Geräten, die Digitalisierung von Unternehmensprozessen, die Digitalisierung im privaten Bereich und in der Arbeitswelt können immer nur in Teilen beschrieben werden. Es geht um die Chancen und Risiken, die sich aus den technischen Möglichkeiten ergeben; eingeschränkt auf die Wirtschaft geht es um die Folgen von mehr IT in Unternehmen, Produkten und beim Konsumenten.

Technologisch sind Binarität und Vernetzung der Kern der digitalen Technologie. Was aber auf dieser technischen Grundlage entsteht, ist Kultur. Was ist der kulturelle Kern der Digitalisierung? Neben der Virtualität und der Vernetzung ist dies in ganz besonderem Maße die Grenzenlosigkeit, die

---

[38] https://www.spiegel.de/politik/deutschland/cdu-wie-ernst-meint-es-die-partei-mit-dem-klimaschutz-a-eb1cad20-41cd-4325-ba6e-3016867e5773, zuletzt aufgerufen am 15.4.2023

Entgrenzung. Die Wirtschaft internationalisiert, ja sie entstofflicht sich. Auch entstehen transnationale soziale Räume und die extreme Flexibilisierung sozialer Beziehungen. Schließlich haben die Entgrenzungen im ökonomischen Bereich sozialpsychologische Folgen, die bisher erst ansatzweise gesehen werden.

Es handelt sich um einen hochdynamischen Prozess, der unter anderem auf dem Umstand basiert, dass auch die Forschungs- und Entwicklungsarbeit sich verändert hat. Komplexe Programme werden von Rechnern selbst entworfen, immense Datenmengen können nur mit massiver Rechnerunterstützung ausgewertet werden, künstliche Systeme sammeln Erfahrungen und können diese anschließend verallgemeinern. Sie sammeln Wissen. Die Anzahl der Anwendungsfelder nimmt ständig zu, und die neuen digitalen Informationen können sehr schnell und zielgerichtet eingefügt und via Internet auch schnell weltweit verbreitet werden.

Das gesamte Lebens- und Arbeitsumfeld ist im Umbruch. Inhalte und Waren können dezentral produziert werden – zum Beispiel auf 3D-Druckern, in Blogs, Videos, Büchern und Musikclips. Die schnellen Möglichkeiten der wirtschaftlichen Verwertung und der Selbstverwirklichung produzieren eine weitere Dynamik, nämlich eine Erwartungshaltung für neue digitalbasierte Produkte und Medien, die dann schnell internationale Märkte erschließen.

Je mehr technologische Bereiche wir aber der Datentechnik anvertrauen, umso wichtiger wird nicht nur die Zuverlässigkeit (safety), sondern auch die Sicherheit (security) im Sinne einer Einflussnahme von außen. Vielleicht werden Kriege in Zukunft über die Zerstörung der digitalen Infrastruktur geführt, und auch das Erpressungspotenzial steigt. Die Welt wird komplexer und auch in dieser Hinsicht offener und fragiler. Die politischen Reaktionen auf diese Entwicklungen müssen kreisen um die Begriffe Gestaltung und Orientierung.

Welche Möglichkeiten haben wir, diese Prozesse zu gestalten, Arbeitsplätze zu erhalten oder neue zu schaffen, den Kapitalverkehr zu kontrollieren, (militärische) Sicherheit zu gewährleisten usw.? Gestaltung bezieht sich eher auf die wirtschaftlichen Folgen, Orientierung dagegen auf das Zusammenleben und vor allem auf die eigene Positionierung in dieser Welt, auf das Selbst. Wo die alten Sinnstiftungsmonopole verfallen (Religion, Familie usw.) und die Egozentrik zunimmt, muss Orientierung woanders gesucht werden.

netzpolitk.org spricht im Zusammenhang mit der Netzpolitik der Ära Merkel von „verschenkten Jahren“. netzpolitik.org ist ein Medium für digitale Freiheitsrechte. Sie thematisieren die wichtigen Fragestellungen rund um Internet, Gesellschaft und Politik. netzpolitik.org beschreibt, wie die Politik das Internet durch Regulierung verändert und wie das Netz Politik, Öffentlichkeiten und alles andere verändert.

> „Jahr für Jahr sorgt die schlechte Platzierung Deutschlands in internationalen Rankings zur Digitalisierung für Schlagzeilen. Wie ernst es um den digitalen Fortschritt im Land steht, haben zwischen faxenden Gesundheitsämtern und Schulen ohne Mailadresse spätestens in der Corona-Pandemie viele Menschen erfahren müssen. (…) Merkel hat in ihren Jahren als Kanzlerin immer wieder bewiesen, dass sie

ein Gespür für gesellschaftliche Veränderungen hat und aus gesellschaftlichen Stimmungen auch gegen Widerstände politische Projekte formen kann. Die Energiewende ist ein Beispiel, die Abwehr von Geflüchteten an den europäischen Außengrenzen ein anderes.“

„Warum gelang ihr das nicht auch beim digitalen Wandel? Dass dieser im letzten Jahrzehnt zum gesellschaftlichen Megathema wurde, ist selbstverständlich auch ihr nicht verborgen geblieben. Immer wieder betonte die Naturwissenschaftlerin in Reden die große Bedeutung einer gelungenen Digitalisierung. Sie kündigte dutzende Initiativen an, setzte zahlreiche Beratungsgremien ein, ließ mehrere Minister eine Digitale Agenda auflegen und rief zuletzt ein Digitalkabinett ins Leben. Und doch hinterlässt Angela Merkel einen Scherbenhaufen. (…)

Mangelnder Gestaltungswille und einseitige Offenheit für die falschen Interessenvertreter – es ist diese fatale Mischung, mit der sich ein Großteil von Merkels netzpolitischer Misere erklären lässt. Denn gerade weil die Bundeskanzlerin es bis zum Schluss vermied, sich selbst tief in die Materie einzuarbeiten und unter Nutzung ihrer Richtlinienkompetenz Führung zu übernehmen, konnten Lobbyvertreter/innen eine besonders große Rolle spielen. Denn wo eine Regierung selbst keine Ideen und Ziele entwickelt, haben sie leichtes Spiel. (…)

Unter Angela Merkel hieß das: Vor allem Lobbyist/innen aus Wirtschaft und Sicherheitsbehörden fanden zu

Digitalthemen immer ein offenes Ohr. Denn die Digitalisierung betrachtete die CDU-Politikerin bis zum Schluss vor allem durch die Brillen der Sicherheits- und Wirtschaftspolitik. Zivilgesellschaftliche Organisationen und andere Vertreter/innen gesellschaftlicher Interessen hatten es hingegen schwer. Weitreichende Empfehlungen einer Enquête-Kommission zum Thema Internet und Gesellschaft etwa verschwanden in der Schublade.

Nur bei einem Thema ging es richtig voran: dem Ausbau der staatlichen Überwachung. Gleich zweimal führte die Regierung Merkel die anlasslose Vorratsdatenspeicherung von Kommunikationsdaten ein, forcierte den Ausbau der Videoüberwachung und erlaubte allen erdenklichen Polizeibehörden und Geheimdiensten, auf biometrische Daten zuzugreifen und den Staatstrojaner einzusetzen. Merkel selbst trat zwar eher selten als sicherheitspolitische Hardlinerin auf, doch egal ob sie Thomas, Hans-Peter oder Horst hießen, die Innenminister von CDU und CSU konnten sich meist auf den Rückhalt der Kanzlerin verlassen.“ [39]

Äußerungen von Unionspolitikern zur Kontrolle im Internet geben Nutzern immer wieder Anlass, sie zu verhöhnen. So traf es auch Siegfried Kauder. Kauder (CDU) forderte mehr Kontrollen im Netz und weniger Freiheit. Die Kritik im Web zur Netzpolitik der CDU riss nicht ab. Anlass war eine Aussage, die Siegfried Kauder in einem Fernsehbeitrag des Heute-Journals gemacht hatte. In dem Beitrag sprach er

---

[39] https://netzpolitik.org/2021/netzpolitische-bilanz-der-aera-merkel-verschenkte-jahre/, zuletzt geöffnet am 24.3.23

über die Freiheitsrechte der Bürger, die seiner Meinung nach eine zu große Rolle spielen. Zugleich forderte der Unions-Politiker mehr Kontrollen im Internet. Wörtlich sagte er: "Es ist Mode geworden, die Freiheitsrechte des Bürgers in den Vordergrund zu stellen. Dabei vergisst man, dass der Bürger auch einen Anspruch auf Sicherheit, auf innere Sicherheit hat. Beim Online-Netzwerk Twitter bedienen sich seitdem unzählige Nutzer dieses Zitats, beziehungsweise der ersten Wörter. Dabei nutzen sie das Hashtag. Ein Hashtag ist ein Schlagwort, das der Nutzer bei Twitter in seinen Kommentar einbettet. Es war einer der am häufigsten verwendeten Begriffe im Twitter-Kosmos. Ein so genannter Shitstorm wütete über der Union - eine sich schlagartig ausbreitende Meinungsflut im Internet, mit der Kritik an einer Person geübt werden soll.

Siegfried Kauder selbst sah sich in dem Fernsehbeitrag "schräg wiedergegeben". Das Thema sei viel zu ernst, um sich im Internet darüber lustig zu machen, sagte Kauder der *taz*. Sein Standpunkt sei vielmehr "Freiheit in Sicherheit" zu gewährleisten - nicht Freiheit statt Sicherheit. Schon bald ist die CDU in einen zweiten Shitstorm geraten. Es wurde ein Zitat eines anderen Vertreters der Union von der Netzgemeinschaft bei Twitter abgewandelt. Nach dem Attentat von Norwegen hatte der CSU-Innenexperte Hans-Peter Uhl erklärt, die Taten seien "im Internet geboren". Daraufhin tauchten bei Twitter immer mehr Kommentare mit dem Hashtag #iminternetgeboren auf. Nutzer Jensvolker formulierte eine Gegenposition zu Uhls Äußerung: "Schützenvereine und Waffenscheine sind definitiv nicht #iminternetgeboren." Innerhalb der Union ist man sich uneins darüber, wie das Internet in Zukunft reguliert werden soll. Ein Großteil älterer Menschen in unserem Land wird Uhl und Kauder zustimmen, die Jüngeren sicher nicht. Auch in der CDU-Bundestagsfraktion stehen meist jüngere Abgeordnete den älteren wie Uhl und Kauder gegenüber. Während die einen mehr Kontrolle fordern, vertreten Abgeordnete wie Peter Tauber eine liberale Netzpolitik. Tauber, Mitglied der Enquete-Kommission Internet und digitale Gesellschaft, sagte im heute-Journal-Beitrag:

> "Das Internet ist in der Form, wie es sich Herr Uhl vorstellt, aus meiner Sicht nicht staatlich zu regulieren und zu beaufsichtigen". [40]

Die Spiegel-Redakteurin Angela Gruber erklärt auf *Spiegel-Online* sehr anschaulich, warum sie und ihre Generation die Anonymität im Netz für unbedingt erforderlich halten:

> „Im frühen Stadium meiner Schwangerschaft hatte ich eine Menge Fragen. Das war lange bevor man Freunden oder dem Arbeitgeber davon erzählt, erst recht nicht irgendeinem amerikanischen Unternehmen. Ich war dankbar, dass es die Möglichkeit gab, manche Frage anonym im Internet zu stellen - ohne preisgeben zu müssen, dass ich schwanger war. Und ohne, dass diese Information auf irgendeinem Server mit meinem Personalausweis verknüpft war.

Doch nun steht offenbar der netzpolitische Zombie der Klarnamenpflicht im Internet langsam wieder auf, diesmal aufgeweckt von Wolfgang Schäuble und Manfred Weber - allen Erkenntnissen zum Trotz, dass auch eine

---

[40] https://taz.de/Netzpolitik-der-CDU/!5115021/, zuletzt geöffnet am 15.4.2023

Klarnamenpflicht wie etwa in Südkorea nicht zwangsläufig zu weniger Hass und Beleidigungen führt. Dafür könnte sie aber großen Schaden anrichten.

Im Netz wird über alles gesprochen: Kindererziehung, Eheprobleme, Krebs, Sex, Ausschlag im Intimbereich, künstliche Befruchtung, Kochrezepte, manchmal auch über Politik. Und meist tun das die Leute nicht unter ihrem richtigen Namen. ´Anonymität im Netz bedeutet in allererster Linie Schutz´, schrieb kürzlich Sascha Lobo, ´und zwar gerade für Menschen, die sich ansonsten nicht nur im Internet, sondern auch in der Kohlenstoffwelt angreifbar machen würden.´

Ja, im Netz wird unter falschem Namen auch geschimpft, beleidigt und bedroht. Aber nicht hauptsächlich. Es wird etwa unter falschem Namen in Foren gefragt: ´Ich möchte viel öfter Sex als mein Freund, was tun?´ ´Könntet ihr Menschen mit schlechten Zähnen lieben?´ ´Ich bin fast 43 und würde gerne schwanger werden. Gibt es hier jemanden in der gleichen Situation?´

Für einige Menschen wäre die Aufgabe der Anonymität oder Pseudonymität im Netz lebensgefährlich. Für viele andere zumindest lebensverändernd. Die Kollegen von netzpolitik.org haben einmal 16 eindrückliche und einleuchtende Beispiele gesammelt, warum und für wen Pseudonymität im Netz unverzichtbar ist - seien es Arbeitnehmer oder Eltern im Netz,

Oppositionelle, Journalisten oder ein homosexueller Nutzer, der sich in seinem konservativen Heimatdorf nicht outen will.

Nur jemand in privilegierter Situation, der von alledem nichts weiß, der all das nicht braucht und nutzt, kann auf die Idee kommen, die Verlinkung zwischen Online-Identität und echter Identität vorzuschreiben. Nur jemand mit großem Vertrauen in internationale Konzerne und deren IT-Sicherheit kann vorschlagen, dort womöglich noch mehr personenbezogene Daten zu speichern - nach zahlreichen Hacks und Datenleaks. Abgesehen davon, dass sich vermutlich einfach andere Plattformen fänden, auf denen man anonym unterwegs sein kann. Wie so oft würde sich die Frage stellen, ob am Ende nicht die Falschen getroffen würden.“ [41]

Alle reden von der Digitalisierung, auch CDU und CSU fordern mehr Anstrengungen in Sachen Transformation. Zu viele Konservative aber nehmen nicht zur Kenntnis, dass mit einer die Gesellschaft völlig verändernden Technologie auch andere Freiheitsrechte einhergehen, sich Werte verändern, die sich nicht aufhalten lassen. Noch nie haben Menschen technologische Entwicklungen dauerhaft verhindern können, es gilt, offen und sensibel die Veränderungen gestaltend zu begleiten.

---

[41] https://www.spiegel.de/netzwelt/netzpolitik/klarnamenpflicht-im-internet-warum-anonymitaet-im-netz-so-wichtig-ist-a-1268306.html, zuletzt geöffnet am 15.4.2023

Gerechtigkeit

Das *DIW Deutsches Institut für Wirtschaftsforschung* will die Reichen in Deutschland zur Kasse bitten. Das DIW rechnet in den nächsten 20 Jahren mit Mehreinnahmen von 310 Milliarden Euro, wenn eine einmalige Abgabe auf alle Vermögenswerte oberhalb von zwei Millionen Euro (persönlicher Freibetrag) und fünf Millionen Euro (Freibetrag für Betriebsvermögen und Beteiligungen an Kapitalgesellschaften) erhoben würde. Ab dem ersten Euro jenseits des Freibetrags wären 10 Prozent zu zahlen. Der Steuersatz soll dann progressiv ansteigen und bei mehr als 100 Millionen 30 Prozent erreichen. Diese Vermögensabgabe soll über einen Zeitraum von 20 Jahren abgezahlt werden. Das ist keine Forderung der Partei DIE LINKE, sondern die eines der bedeutendsten Wirtschaftsforschungsinstitute.[42] DIE LINKE hatte nur 5 % gefordert. Der Ökonom Stefan Bach (DIW): „Die Coronakrise ist auch eine große Herausforderung für die öffentlichen Haushalte. Wir erleben einen starken Anstieg der Staatsverschuldung, und für solche Sondersituationen ist die Vermögensabgabe als außerordentliches Finanzierungsinstrument des Staates gedacht."

> *DIE ZEIT* meldet: „Die Verteilung der Nettovermögen – also des Vermögens nach Abzug der Schulden – ist in Deutschland weit ungleicher als bisher angenommen. Den obersten zehn Prozent der Bevölkerung gehören nicht etwa wie bisher

---

[42] https://www.iz.de/finanzen/news/-diw-fordert-vermoegensabgabe-zur-staatssanierung-1000009763?login&crefresh=1, zuletzt geöffnet am 23.3.23

geschätzt 59 Prozent der Vermögen. Sie besitzen rund zwei Drittel. Im reichsten Prozent steigt der Anteil von bisher knapp 22 Prozent auf rund 35 Prozent."
Art.14 unserer Verfassung nennt die sog. Sozialbindung des Eigentums: „Eigentum verpflichtet. Sein Gebrauch soll zugleich dem Wohle der Allgemeinheit dienen.“ In Deutschland werden viele Milliarden € im Jahr vererbt, die Erbschaftssteuereinnahmen betragen gerade mal 6 % davon. Das Grundgesetz stellt an anderer Stelle auch darauf ab, inwieweit Vermögenswerte Teil eigener Leistung sind. Bei einer solchen Ungleichheit, die auch mit Einflüssen auf Politik, Verwaltung und Gesellschaft zu tun hat, ist die Allgemeinheit allemal betroffen.

Es war die CDU, die am 1. September 1952 mit dem Inkrafttreten des Gesetzes zum Lastenausgleich nach dem Zweiten Weltkrieg die bislang größte Vermögensumverteilung in der Geschichte Deutschlands in Gang setzte. Der Staat zog 50 Prozent aller Vermögen, Hypotheken- und Kreditgewinne ein und zahlte das enteignete Geld an Millionen mittellose Deutsche aus. Ein Freibetrag entsprach etwa dem Jahresbruttoeinkommen eines Industriearbeiters. Die dem vermögenden Bürger durch den Lastenausgleich vom Staat auferlegte Schuld konnte über 30 Jahre hinweg gezahlt werden. Bei der Ratenzahlung kam zur Tilgungskomponente die Zinszahlung - wie heutzutage im Falle eines Hauskaufs: Sie zahlen mit jeder Rate einen Teil der Schuld ab plus die Kreditzinsen auf den offenen Betrag. So entstand der Charakter einer Vermögenssteuer statt einer

Vermögensabgabe. Auch infolge der aktuellen Mehrfachkrisen werden Menschen ungleich belastet. Ist die Zeit reif für einen neuerlichen Lastenausgleich?

> Die Situation heute ist eine andere. „Man müsste jetzt auf die Erbschaftssteuer und die Schenkungssteuer mit ihren hohen Freibeträgen schauen. Vermögende Eltern können ihren Kindern alle zehn Jahre 400.000 Euro steuerfrei übertragen. Das entspricht dem Dreifachen des Vermögens einer Person, die genau in der Mitte der Vermögensverteilung steht. Das ist viel Geld, vor allem von der unteren Hälfte der Gesellschaft her betrachtet. Das zu verändern, wäre ein politisch tauglicher Hebel und würde dem normativen Gerechtigkeitsempfinden entsprechen. Allerdings: Die mitregierende FDP möchte keine Steuererhöhung.“ [43]

Die CDU/CSU hält eine Vermögensabgabe für die besonders Reichen für eine unverantwortliche Substanzsteuer und verweist auf die Einkommensteuersätze für die sehr gut Verdienenden. Zur Vermögensteuer gibt es unter den Parteien eigentlich nur zwei Lager: Die eher linken Parteien und die liberal-konservativen. Kurz gesagt: Die Unionsparteien und die FDP lehnen eine Vermögensteuer ab, im Unionsprogramm heißt es dazu, die Steuer "wäre eine Wohlstandsbremse".

> "Wir wollen keine Vermögensabgabe", sagte Angela Merkel in einer Regierungsbefragung im Bundestag. Die Kernaufgabe heißt: Wie schaffen wir Wachstum? Denn über Wachstum können wir auch

[43] https://www.berliner-zeitung.de/politik-gesellschaft/muss-ein-neuer-lastenausgleich-sein-wie-die-brd-1952-die-reichen-enteignete-li.266198, zuletzt geöffnet am 24.3.23

> Mehreinnahmen generieren. Das wird die Strategie sein." [44]

Die Realpolitik der CDU/CSU zeigt auch in diesem Zusammenhang die Diskrepanz zwischen Ankündigung und Realisierung. Schaut man in die Grundsatzprogramme der CDU, nimmt das Thema „Gerechtigkeit“ großen Raum ein. Verblüffender Weise spielt die „soziale Gerechtigkeit“ in den Grundsatzprogrammen eine entscheidende Rolle.

> „In Abgrenzung von der SPD als wichtigstem politischen Gegner betont die CDU dabei Chancen- und nicht Ergebnisgerechtigkeit: `Chancengleichheit ist die notwendige Ergänzung der Gleichheit vor dem Recht. Sie soll jedem die Möglichkeit geben, sich in gleicher Freiheit so zu entfalten, wie es seiner persönlichen Eigenart entspricht (GP 1994:9; vgl. GP 1978: 5; GP 2007: 9).“ [45]

Die CDU fordert die Anerkennung persönlicher Anstrengungen, also die Leistungsgerechtigkeit. Die Programme 1978 und 1994 nennen explizit das persönliche Eigentum als Basis der freien Entfaltung, konkret die Bildung von Produktivvermögen in Arbeitnehmerhand. Soziale Gerechtigkeit im Sinne von Leistungsgerechtigkeit umfasst aus Sicht der CDU auch das Steuerrecht. Finanziell Leistungsfähige müssen stärker in die Pflicht genommen

---

[44] https://www.br.de/nachrichten/deutschland-welt/pandemie-kosten-merkel-will-keine-vermoegensabgabe,SJKgjs2, zuletzt geöffnet am 24.3.23

[45] Petra Hemmelmann (2017): Der Kompass der CDU. Analyse der Grundsatz- und Wahlprogramme von Adenauer bis Merkel, Springer VS Wiesbaden, S. 269 f.

werden als Schwächere. Die Grundsatzprogramme der CDU sind in Bezug auf das Thema Gerechtigkeit Schimären, also Trugbilder. In Sachen Erbschaftssteuer der ganz großen Vermögen verweigert sich die CDU seit langem einer Novellierung. Im Jahr 2021 betrugen die Einnahmen aus der Erbschaftsteuer in Deutschland laut Statista rund 9,82 Milliarden Euro. In Deutschland können Verheiratete oder eingetragene Lebenspartner/innen ihren besseren Hälften ein Vermögen von insgesamt einer halben Million Euro vermachen, ohne dass diese einen einzigen Cent Erbschaftsteuer zahlen müssen. Nach Angaben des Deutschen Instituts für Wirtschaftsforschung profitierte im Zeitraum 2002 bis 2017 das vermögendste Fünftel der Bevölkerung von den größten Erbschaften und Schenkungen. Der Median - also der Mittelwert der nach Größe sortierten Beträge - lag bei 145.000 Euro. Nur zwei Prozent des ärmsten Fünftels erhielten etwas von Eltern oder Großeltern. Auf Erbschaften und Schenkungen von mehr als zehn Millionen Euro mussten die Begünstigten im Jahr 2018 kaum Steuern zahlen. Das berichtet *die Süddeutsche Zeitung* und beruft sich auf eine Antwort der Bundesregierung auf eine Kleine Anfrage der Linken im Bundestag. Die Zahlen stammen aus Auswertungen des Statistischen Bundesamtes. Wer 100 Millionen Euro und mehr im Jahr 2018 bekam, zahlte demnach im Schnitt nur eine Steuer von 0,2 Prozent auf dieses Erbe. Das Erben hat auch nichts mit Leistungsgerechtigkeit zu tun. Wie soll vor dem Hintergrund dieser Vermögensverteilung allein durch Erbschaften der Normalverdiener, die Normalverdienerin, Vermögen bilden können?

Die Fokussierung der CDU auf die Chancengleichheit greift zu kurz. Wer kein Vermögen hat, in einem Stadtteil wohnt, von dem man weiß, dass dort die sozial Schwachen wohnen, für den gibt es keine Chancengleichheit. Im Rahmen einer anderen Arbeit habe ich Straßensozialarbeiter/innen zu diesem Thema befragt. Die Antwort war eindeutig:

> „Ein Drittel der Kinder in diesem Stadtteil leben von der Sozialhilfe, da kann von Chancengleichheit keine Rede sein. Wir spüren deutlich Benachteiligungen in allen Lebenslagen. Das geht bei der Ernährung und der Bekleidung los, ihre Mobilität ist eingeschränkt, es fehlen kulturelle und bildungsbezogene Anreize in den Familien und in der direkten Umgebung, die Wohnverhältnisse werden immer problematischer. Es ist kaum noch adäquater Wohnraum zu bekommen. Das alles hat Auswirkungen auf die Freizeitaktivitäten und die Chancen in der Schule und im Ausbildungsbereich. Es ist ein Teufelskreis.“[46]

Vermögensbildung ist den Armen ohnedies nicht möglich. Immobilien werden in der Regel nur finanziert, wenn man 20 % eigenes Vermögen mitbringt. Chancengleichheit ist daher nur ein Aspekt der Gerechtigkeit. Diese muss auch als Ergebnis noch möglich sein und nicht aus Wolkenkuckucksheimen bestehen. Es ist nötig, als christliche Partei soziale Gerechtigkeit zu fordern, wenn diese aber durch die Auswahl der Instrumente nicht möglich ist, verliert die Partei ihr soziales Profil.

---

[46] Straßensozialarbeiter Gisbert Ehler in: Klaus-Dieter Müller (2019): Wider den Stillstand. Plädoyer für einen Aufbruch in Politik und Gesellschaft, bebra-verlag Berlin, S. 126

Rechtsstaat und Willkür

> „CDU und CSU machen den `Rechtsstaat` zum Kampfbegriff für schärfere Gesetze – warum das gefährlich ist",

titelt *Spiegel Panorama* am 20.03.2019. Der Begriff des Rechtsstaates wird sehr häufig als Synonym für den „starken Staat" verwendet, was die Bedeutung des Begriffes auf den Kopf stellt. Von ihrer historischen Entwicklung her sind die Grundrechte, die den Rechtsstaat ausmachen, gerade Abwehrrechte gegen den Staat und mögliche Willkür. Man könnte sagen, rechtsstaatliche Prinzipien sollen den Staat insofern schwächen, als staatlicher Missbrauch verhindert werden soll. Die in Art. 20 Absatz 3 des Grundgesetzes verfügte Unterwerfung der gesamten Staatsgewalt unter das Recht ist der Kern des Rechtsstaatsprinzips. Der Rechtsstaat hat also nichts mit den zum Teil kruden Vorstellungen eines starken Staates zu tun.

Es bleibt zu prüfen, ob die von der CDU/CSU geforderten Maßnahmen und verschärften Gesetze zur inneren Sicherheit mit dem Rechtsstaatsprinzip in Einklang stehen, wie die anlasslose Vorratsdatenspeicherung, die EuGH und BVerfG gekippt haben, und ob diese unabhängig vom Rechtsstaatsbegriff unser Leben sicherer machen.

Es ist selbstverständlich, dass Übergriffe auf Polizeibeamte oder Feuerwehrkräfte oder gar Rettungssanitäter/innen nicht geduldet werden dürfen. Aber gerade die Ausweitung polizeilicher Aufgaben können staatlicher Willkür Vorschub leisten. Hier gilt es nach wie vor, ein hohes Maß an Sensibilität zu wahren.

> „Mit null Toleranz und einem starken Staat will die Union dafür sorgen, dass jeder Mensch in Deutschland sicher leben kann. Die Polizei soll von bürokratischen Aufgaben entlastet werden, damit sie mehr Präsenz auf den Straßen, Bahnhöfen und Flughäfen zeigen kann. Videoüberwachung soll ausgebaut und automatisierte Gesichtserkennung eingesetzt werden. (...) Die Sicherheitsbehörden will die Union weiter stärken und sie besser vernetzen. Jede Schwächung des Verfassungsschutzes lehnt sie ab. Die Befugnisse sollen an die digitale Welt angepasst werden, die Quellen-Telekommunikationsüberwachung (TKÜ) und Online-Durchsuchungen sollen sowohl bei der Gefahrenabwehr als auch bei der Strafverfolgung bundesweit eingesetzt werden dürfen.“ [47]

> „Ob Schleierfahndung oder Videoüberwachung: Im Kampf gegen Terror und Kriminalität sollen nach Vorstellungen der CDU künftig bundesweit die gleichen Regeln gelten, sprich: für eine effektive Gefahrenabwehr sollen alle Landespolizeien über die gleichen Befugnisse verfügen.“ [48]

---

[47] https://www.tagesschau.de/inland/btw21/programmvergleich-inneresicherheit-101.html, zuletzt geöffnet am 1.4.2023

[48] https://www.deutschlandfunk.de/cdu-klausur-gleiche-sicherheit-fuer-alle-100.html, zuletzt geöffnet am 1.4.2023

„Auf den Autobahnen soll eine Eingreiftruppe „Strategische Fahndung“ gebildet werden. (…) Die NRW CDU will interdisziplinäre Ermittlerteams einrichten, die mit Mitarbeitenden des Zolls, der Landes- und des Bundeskriminalamtes, der Steuerfahndung und Sozial- und Jugendämtern besetzt sein sollen. Aber sind Sozial- und Jugendämter Ermittlungsbehörden oder sollten Sie nicht eher Hilfe und Schutz anbieten? (…) Der Wach- und Wechseldienst der Polizei soll bis Ende 2025 mit Bodycams und Tasern (Elektroschockpistolen) ausgestattet werden. Die NRW CDU will keine Kennzeichnungspflicht von NRW-Polizistinnen und will verstärkt auf Drohnen und Roboter bei der Aufklärungsarbeit von Straftaten setzen.“ [49]

„Die Bewahrung der Inneren Sicherheit erfordert aber auch die Mitverantwortung, das Engagement und die Mithilfe der Bürger. Jeder Einzelne kann hierzu beitragen etwa als Mitglied der Sicherheitswacht in Bayern.“ [50]

„Eine `konkrete Gefahr` besteht dann, wenn ein Schaden mit großer Wahrscheinlichkeit eintreten würde, falls niemand die Begehung einer Straftat verhindert. Bei der `drohenden Gefahr` reicht bereits eine unkonkrete Wahrscheinlichkeit, dass es zu einem Delikt kommen könnte. Der Begriff

---

[49] https://www.report-k.de/ltwnrw22-das-will-die-nrw-cdu-im-politikfeld-innere-sicherheit/, zuletzt geöffnet am 1.4.2023

[50] https://www.stmi.bayern.de/sus/inneresicherheit/index.php, zuletzt geöffnet am 1.4.2023

`drohende Gefahr` steht schon seit einem Jahr im bayerischen Polizeigesetz, ist bislang allerdings nur bei wenigen Ermittlungsmethoden von Relevanz gewesen. Künftig soll er bei weit mehr Straftaten die entscheidende Schwelle sein, ab der die Polizei eingreifen darf.“ [51]

Diese Forderungen gehen mir alle zu weit. Es ist sehr gut, dass polizeiliche Einsätze von der Staatsanwaltschaft ausgelöst und kontrolliert werden müssen und für viele Maßnahmen es auch richterlicher Anordnungen bedarf. Dieses Gewaltenteilungsprinzip bei der Strafverfolgung geht vernünftigerweise davon aus, dass auch Ermittlungskräfte nur Menschen mit allen möglichen Fehlern, Ängsten und Vorurteilen sind. Wenn es um die Ausübung staatlicher Gewalt geht, will unsere Verfassung den größtmöglichen Schutz der Bevölkerung vor staatlichen Übergriffen. Auch wenn das in der täglichen Polizeiarbeit sicher oft mühsam ist, wollen wir doch rechtsstaatliche Prinzipien leichteren Ermittlungsabläufen voranstellen. Häufig werden Bürgerwehren mit Begriffen wie Blockwart oder Stasi in Verbindung gebracht. Wenn Bürger die öffentliche Sicherheit selbst in die Hand nehmen, ist es immer ein sehr schmaler Grat zwischen sinnvoller Unterstützung der Polizei auf der einen und den Unwägbarkeiten von Hilfspolizisten auf der anderen Seite. [52] Auch Waffen,

---

[51] https://www.bpb.de/kurz-knapp/hintergrund-aktuell/269454/neue-polizeigesetze-schritt-zu-mehr-sicherheit-oder-weg-in-den-polizeistaat/, zuletzt geöffnet am 1.4.2023
[52] https://www.bpb.de/themen/medien-journalismus/netzdebatte/243735/mehr-als-nur-die-polizei-

wie die Elektroschockgeräte, die sehr wohl Menschen töten können, sind zusätzlich nicht geboten. Die Beamten sind alle bewaffnet, um sich in Ausnahmesituationen auch selbst schützen zu können. Wir haben – gerade bei Tötungsdelikten – die höchste Aufklärungsquote mit über 95 %. Der Ruf nach mehr staatlicher Gewalt ist einfach und ein immer wieder erlebbarer Reflex, wenn schwere Straftaten durch die Medien gehen, die Politik sollte diesen Reflex aber scheuen. Meine Großmutter, die im Dritten Reich Widerständlerin war, warnte immer nach dem Krieg vor Parteien, die nach mehr Rechten für die Polizei riefen. „Auf diesem Altar werden die Freiheiten der Menschen schneller geopfert, als uns lieb sein kann," waren ihre warnenden Worte.

Oder um es mit dem großen Liberalen Ralf Dahrendorf zu sagen: „Ein richtiger Gedanke, bis zum Extremen getrieben, zerstört gerade diejenigen Möglichkeiten, die er eigentlich eröffnen sollte."

Ein unsägliches Beispiel für Übertreibung und unsachgemäße Diskussionsbeträge von Unionspolitikern ist das Thema „wokeness".

Die Union auf der Suche nach ihrer DNA. Die Wokeness bedroht die Freiheit in Deutschland – so war es auf einer Tagung eines CDU-nahen Think Tanks zu hören. Das Modewort "Wokeness" hat die political correctness als Feindbild konservativer Kulturkämpfer abgelöst: Es geht um einen linken Tugendterror, der überall Rassismus

---

braucht-deutschland-mehr-sicherheitsbehoerden/, zuletzt geöffnet am 1.4.2023

und Sexismus wittere, um den angeblichen Zwang zum Gendern und eine um sich greifende ´Cancel Culture´. Hatte die Union zu Beginn der Legislatur konstruktive Oppositionspolitik versprochen, versucht sie zurzeit ihr konservatives Profil neu zu schärfen. Auch auf die Gefahr hin, populistisch zu werden. Ob Winnetou oder Layla, kein Anlass ist so manchem Unionspolitiker zu nichtig, um die Wokeness-Keule zu schwingen.

> `Wir wollen Polizisten auf der Straße, aber keine Sprachpolizei im Bierzelt", sagt CSU-Chef Markus Söder. Und der CDU-Vorsitzende Friedrich Merz warnt gar vor der woken Cancel Culture als "größter Bedrohung der Meinungsfreiheit in Deutschland`. [53]

Ich bin auch gegen eine Gängelung in der gesellschaftlichen Diskussion, aber gleich wieder die Übertreibung durch die Union, die unsere Meinungsfreiheit bedroht sieht. Ich darf auch an dieser Stelle darauf hinweisen, dass das Grundrecht auf Meinungsfreiheit als Schutzrecht gegen staatliche Maßnahmen gedacht ist. Was eine krude Minderheit als ihre Meinung vertritt, verbietet mir als Individuum Garnichts. Diese Übertreibungen mit Bezug auf unsere Freiheitsrechte sind nicht nur falsch, sondern sollen aufwiegeln. Das ist unseriös.

Lassen Sie mich die Sorge um unseren Rechtsstaat unterlegen mit einem anderen Beispiel aus deutscher

---

[53] https://www.rbb-online.de/kontraste/archiv/kontraste-vom-10-11-2022/union-auf-der-suche-nach-ihrer-dna.html, zuletzt geöffnet am 12.4.2023

Realität, dem Übel des Nebenstrafrechts, das noch kein Christdemokrat angeprangert hat. Hier haben die Gesetzgeber den Rechtsstaat insofern ausgehöhlt, als die meisten Menschen bei uns noch nie etwas vom Nebenstrafrecht gehört haben, geschweige denn wissen, was dort alles verboten ist und unter Strafe steht. Wir alle kennen das Strafgesetzbuch (StGB) und wissen im Großen und Ganzen, was unter Strafe steht (Diebstahl, Totschlag, Mord, Betrug usw.). Aber der Staat beschränkt sich schon lange nicht mehr darauf, das Strafrecht als sein schärftes Schwert nur dort zu schwingen, wo es für das gedeihliche Zusammenleben in einer Gesellschaft unabdingbar ist. Stattdessen wurde eine unüberschaubare Zahl an neuen Straftatbeständen im sogenannten Nebenstrafrecht geschaffen, die jeden Bereich unseres wirtschaftlichen und gesellschaftlichen Lebens in ein strafrechtlich vermintes Gelände verwandelt hat. Da kaum noch ein Mensch durchblickt, welches Tun oder Unterlassen mit diesen zum Teil kompliziertesten Tatbeständen eigentlich unter Strafe gestellt werden soll, hat das Bundesverfassungsgericht inzwischen einen dieser Tatbestände aus dem Nebenstrafrecht für verfassungswidrig erklärt, weil er gegen das sogenannte Bestimmtheitsgebot verstößt und die Grenzziehung hin zur Strafbarkeit nicht mehr vom Gesetzgeber selbst erfolgt ist, sondern durch die Hand der Bürokratie zur strafbaren Handlung erklärt wurde. Der Gesetzgeber hat zahlreiche sogenannte Blankett Straftatbestände geschaffen, die vom Verordnungsgeber, also der Bürokratie, ausgefüllt werden. Der Katalog der Gesetze des Nebenstrafrechts umfasst derzeit Gesetze in der Abgabenordnung, im

Arbeitszeitgesetz, im Betriebsverfassungsgesetz, in der Gewerbeordnung, dem Handelsgesetzbuch und im Straßenverkehrsgesetz. Das Problem ist, dass selbst der kundige Laie auch nach gehöriger Anstrengung nicht mehr abschätzen kann, welches Verhalten unter Strafe steht und was nicht. Hier hat die Strafgesetzgebung, das stärkste Schwert, das der starke Staat hat, in den letzten Jahren einen besorgniserregenden Niedergang erlebt. Das überzogene staatliche Bedürfnis, möglichst jeden Bereich des Lebens strafbeschwert zu normieren, hat in einer Weise überhandgenommen, dass die Verfassungsmäßigkeit der daraus erwachsenen Tatbestände auf dem Prüfstand des Bundesverfassungsgerichtes steht.

Und diese überbordende Gesetzesaktivität wird nicht von den vom Volk gewählten Abgeordneten betrieben, sondern von der Exekutive, also der Verwaltung.

> „Wissen ist ein Machtfaktor, der auch demokratische Staatssysteme prägt. Die fachlich ausgebildete, in jahrzehntelanger Erfahrung gereifte Bürokratie ist dem einfachen Bürger, der zum Abgeordneten gewählt wird, in vieler Hinsicht überlegen. Das Wissen der Bürokratie wiederum steht in erster Linie den Abgeordneten jener Parteien zur Verfügung, die auch in der Regierung sind.
>
> Die Exekutive ist es auch, zu der sich die politische Macht in allen existierenden Demokratien verlagert, bei der sie sich

konzentriert. Die Gewaltenteilung gerät so immer mehr aus der Balance. Die Legislative, der gewählte Gesetzgeber, gerät in die Defensive. Damit verlagert sich auch der Gestaltungsmodus der Demokratie grundlegend. Wahlkämpfe werden immer mehr auf die Person des Regierungschefs zugeschnitten, und Gesetzesinitiativen kommen vorwiegend aus den Ministerien. Die eigentliche Volksvertretung, die im Parlament versammelten gewählten Abgeordneten, liefern nur noch den formal nötigen Mehrheitsbeschluss. Manche behaupten, die Exekutive regiere die Legislative. Der Gesetzgeber wird, wie es *NZZ*-Korrespondentin Meret Baumann ausdrückt, zum \`Gesetznehmer\`.“ [54] Ca. 80 % der Gesetzesinitiativen kommen aus der Exekutive, sind also bürokratischen Ursprungs.

Und so kann es, wie beim Nebenstrafrecht, auch bei den Zuständigkeiten in der Strafverfolgung schnell dazu kommen, dass staatliche Gewalt unüberschaubar, die Struktur der Gewaltenteilung unterhöhlt wird, es zu Formen und einer Praxis der Ermittlungen kommt, die rechtsstaatlichen Grundsätzen eben nicht mehr genügen. Das wird in einigen europäischen Staaten bewusst betrieben, in Polen, Ungarn, Italien, wir wollen doch diesen Prozess bei uns nicht durch die Hintertür bürokratischer Wunschvorstellungen zulassen. Darum bin ich der Überzeugung, die persönlichen Freiheitrechte unserer

[54] https://www.addendum.org/demokratie/gesetze-parlament/, zuletzt geöffnet am 1.4.2023

Bürgerinnen und Bürger sind bei CDU und CSU nicht in den besten Händen.

Die CDU und die Parteienfinanzierung

Helmut Kohl hat über Jahrzehnte seine internen Netzwerke mit Hilfe anonymer Zahlungen privater „Spender“ finanziert, die nicht als Parteispenden dokumentiert wurden. 1999 gab es Enthüllungen zu diesen „schwarzen Kassen“ in Millionenhöhe. Helmut Kohl gab sich ahnungslos, der CDU-Schatzmeister Leisler-Kiep wurde verhaftet, und Wolfgang Schäuble räumte ein:

> In einer nicht für möglich gehaltenen Weise ist in der Vergangenheit gegen die Vorschriften des Parteiengesetzes und gegen die Prinzipien von Transparenz und innerparteilicher Demokratie verstoßen worden.“

So Schäuble am 16. Februar 2000 auf der Bundespressekonferenz. Damals Vorsitzender der Bundestagsfraktion von CDU/CSU und einer der loyalsten Mitarbeiter von Helmut Kohl. Auf dieser Pressekonferenz gab Schäuble auch seinen Rücktritt bekannt.

Das Ende des Helmut Kohl ist dann auch unrühmlich:

> „Indem er jeden Beitrag zur Aufklärung der Finanzmanipulation verweigerte, schrumpfte er vom Kanzler zum Komplizen. Sein heroischer Anspruch verläpperte zur lachhaften Ausrede. Denn den Verdacht, das er `geschmiert` worden sei, die Behauptung, `man hätte Regierungshandeln in einer Regierung, die ich geführt haben und die ich vertrete, beeinflusst mit Spenden`, diese Vorwürfe hielt nur noch Helmut Kohl selbst `für ganz und gar unerträglich`. Seine eigene Partei, die Mehrheit

des Deutschen Bundestages und die Justizbehörden sahen es anders. Und so brach das Unheil voll über ihn herein. Was schon mehrfach in den achtziger Jahren gedroht hatte, war eingetreten: `Kohl kaputt`. (*Spiegel* 3/1979) Der Abschied vollzieht sich in Schimpf und Schande." [55]

Im *Berliner Tagesspiegel* lese ich:

„Die Union war immer vorne mit dabei, wenn es darum ging, die Regelungen und die strengen Auslegungen durch das Bundesverfassungsgericht zu umgehen. Ein Beispiel dafür ist das Sponsoring. Ein Parteitag gleicht heute einer Industriemesse. Natürlich galt das nicht für Corona-Zeiten. Verbände und Unternehmen bezahlen die Partei dafür, dass sie während des Parteitags ihre Stände aufbauen dürfen. Das wird nicht als Spende deklariert und somit werden die Vorschriften des Parteiengesetzes umgangen" [56]

Am 4.4.2023 berichtet der Münchener Merkur von einem bis dahin einmaligen Vorgehen in einem Untersuchungsausschuss:

„Bei der Aufarbeitung im Untersuchungsausschuss des bayerischen Landtags zum Nürnberger Zukunftsmuseum

---

[55] Der Spiegel 52/1999: Kohl zweiter Sturz. Abschied mit Schimpf und Schande, Rudolf-Augstein-Verlag Hamburg, S. 205

[56] Fragwürdige Geschäfte, Lobbyarbeit, Spendenskandale in: https://www.tagesspiegel.de/politik/welche-üpartei-ist-am -anfälligsten, zuletzt geöffnet am 21.3.23

rücken die Geldspenden des Vermieters der Immobilie, Gerd Schmelzer, an die CSU in den Fokus. SPD, Grüne und FDP beantragten die Durchsuchung der CSU-Parteizentrale in München. Die drei Fraktionen vermuten dort Unterlagen zu bisher unbekannten Zuwendungen des Nürnberger Unternehmers. Die Opposition verlangt vom Ermittlungsrichter am Amtsgericht München die Beschlagnahmung. Die CSU reagierte empört.

> Der Untersuchungsausschuss untersucht seit Ende vergangenen Jahres die Hintergründe zur Anmietung des Gebäudekomplexes in der Nürnberger Innenstadt für die dortige Niederlassung des Deutschen Museums. Die bayerische Opposition mutmaßt, dass dort Steuergeld verschwendet und CSU-Vetternwirtschaft betrieben worden sei. Die Staatsregierung wies dies vehement zurück. Auch der Oberste Rechnungshof hatte erklärt, der Mietvertrag sei `vermieterfreundlich` verfasst, die Miete tendenziell zu teuer. Pro Jahr zahlt der Freistaat Bayern für das Museum 6,4 Millionen Euro für Miete sowie Personal- und Sachkosten. Der Mietvertrag ist zunächst auf 25 Jahre angelegt.“ [57]

Seit Adenauer umging die CDU systematisch die vom Parteiengesetz geforderte Offenlegung der Finanzen. In den Rechenschaftsberichten wurden – wenn überhaupt

[57] https://www.merkur.de/politik/bayerische-opposition-fordert-spenden-razzia-bei-der-csu-zr-92191215.html, zuletzt geöffnet am 5.4.2023

- nur Strohmänner oder Spendenorganisationen, wie die Staatsbürgerliche Vereinigung, genannt, die Gelder weiterleiteten. Seit 1960 dienten Liechtensteiner Scheinfirmen als „Spendenwaschanlagen“. Kohl hielt an dem undurchsichtigen System der Ära Adenauer fest. Inzwischen aber gab es Bundesverfassungsgerichtsurteile und staatsanwaltliche Ermittlungen.

> „Die Spendenaffäre 1999/2000 bescherte den Christdemokraten eine finanzielle Krise, die allenfalls mit der von 1966 zu vergleichen war. (...) Zum einen musste die CDU eingestehen, dass ihre Rechenschaftsberichte zahlreiche Großspenden nicht auswiesen. Das galt etwa für die 2,174 Millionen Mark Sonderspenden von Kohl, deren Herkunft er nicht verriet. Das galt für die 100.000 Mark, die Schäuble vom Rüstungslobbyisten Schreiber bekam. Und das galt vor allem für die mindestens 17 Millionen Mark, die der hessische CDU-Landesverband seit den achtziger Jahren bar von geheimen Schweizer Konten abhob und teilweise als Vermächtnisse deklarierte. (...)
>
> Zum anderen stand die CDU unter dem Verdacht, dass Großspenden und persönliche Zuwendungen ihr Regierungshandeln mit beeinflusst hätten.“ [58]

Jeder Unternehmer wäre bei gleichem Verhalten mit Freiheitsstrafe belegt worden. Da müssen wir uns nicht

[58] Frank Bösch (2002): Macht und Machtverlust. Die Geschichte der CDU, Deutsche Verlags-Anstalt Stuttgart München, S. 185 f.

wundern, wenn die Politikverdrossenheit ständig zunimmt. Diese zweifelhafte moralische Haltung, die mit christlichen Werten nun gar nichts zu tun hatten, setzt sich leider fort im Verhalten von Mandatsträgern der CDU/CSU.

Die CDU – Bundessiegerin der Korruption

WIKIPEDIA hat eine Liste von Korruptionsaffären um Politiker und Politikerinnen in der Bundesrepublik Deutschland erstellt, die CDU und CSU dominieren. Die letzten Jahre sind nur noch Verfehlungen der CDU und CSU verzeichnet:

- Die *Süddeutsche Zeitung* veröffentlichte im Oktober 2021 einen Artikel, nach welchem die Kanzlei Bub, Gauweiler und Partner in „mindestens einem Fall Gauweilers Bundestagsbüro in Berlin benutzt, um einem Mandanten zu dessen Vorteil Insiderwissen über ein Gesetzesvorhaben der Bundesregierung zukommen zu lassen". Informationen seien über „Unionskanäle" zu Hanno Berger geflossen.

- 2019 PKW-Maut-Affäre um Andreas Scheuer: Vertragsabschluss mit künftigen Betreibern der PKW-Mautstellen noch bevor die PKW-Maut (durch den Europäischen Gerichtshof) beschlossen wurde. Durch den überhasteten Vertragsschluss sowie mögliche Fehler im Vergabeprozess seien unnötig hohe Schadensersatzforderungen der Betreibergesellschaften entstanden.

- 2019 Berater-Affäre um Ursula von der Leyen: Vergabe von hochdotierten

Beraterverträgen, ohne dass geltende Vergabekriterien eingehalten wurden. Ursula von der Leyens Ministerium wurde Verschleppung von Beweismitteln (Nichtherausgabe und Löschen von Daten) während den Ermittlungen vorgeworfen.

- 2020 Lobbyismus-Affäre um Philipp Amthor: Philipp Amthor (CDU) war spätestens ab Mai 2019 für das US-amerikanische IT-Unternehmen Augustus Intelligence tätig, für das er Lobbyarbeit u. a. bei Bundeswirtschaftsminister Peter Altmaier (CDU) betrieb.

- 2021 Aserbaidschan-Affäre: Verwicklungen einer Reihe von Politikern der CDU und CSU in Geschäfte mit Aserbaidschan. Es gibt Vorwürfe von Lobbyismus und Korruption.

- 2021 Maskenaffäre: Ein Komplex von Vorfällen mutmaßlicher Vorteilsnahme mehrerer Bundestags- und Landtagsabgeordneter der CDU und CSU. Im Rahmen der Maskenaffäre und Aserbaidschan-Affäre wurde auch die Rolle des Wirtschaftsrates der CDU, der ein Berufsverband ist, gleichzeitig jedoch im Vorstand der CDU sitzt und als Lobbyorganisation den Zusatz „CDU“ im Namen trägt, kritisch hinterfragt. [59]

---

[59] https://de.wikipedia.org/wiki/Liste_von_Korruptionsaff%C3%A4ren_um_Politiker_in_der_Bundesrepublik_Deutschland, zuletzt geöffnet am 16.3.2023

„Im nördlichsten Bundesland Deutschlands, Schleswig-Holstein, regiert ein Bündnis aus der CDU und den Grünen. Zuvor hatten die beiden Parteien noch in einer sogenannten Jamaika-Koalition mit der FDP regiert. Ministerpräsident in Kiel ist der CDU-Politiker Daniel Günther. Dieser gilt als äußerst beliebt und moderat im Vergleich zu seinem Parteivorsitzenden Friedrich Merz. Bei der Wahl 2022 erreichte die CDU mit Günther circa 43 Prozent der Stimmen. Aber auch Günther steht in der Kritik. Grund dafür: Sein Bruder ist jetzt Vize-Landtagsdirektor in Kiel. Tobias Rischer ist der Bruder des Ministerpräsidenten Daniel Günther und ist ebenfalls im Politikbetrieb tätig. Ein CDU-Mann aus Schleswig-Holsten, der nicht namentlich erwähnt werden wollte, spricht von einer Zweckgemeinschaft zwischen Günther, dem ehemaligen Landtagspräsidenten des Landes und Rischer. Das berichten die Kieler Nachrichten. Klaus Schlie, der ehemalige Landtagspräsident, habe Günther immer gefördert. Günther soll ihn im Gegenzug wieder zum Landtagspräsidenten gemacht haben. Schlie sei dann auch derjenige gewesen, der den Bruder von Günther beförderte. Günther habe auch an ihm festgehalten, als er wegen ungeklärter Nebenjobs in der Kritik stand, berichtet die Bild-Zeitung.[60]

---

[60] https://www.merkur.de/politik/daniel-guenther-schleswig-holstein-cdu-tobias-rischer-zweckgemeinschaft-92139864.html, zuletzt geöffnet am 3.4.2023

Eine hohe Zahlung aus der Finanzwirtschaft an die CDU bringt Parteichef Merz in Erklärungsnot. Die Deutsche Vermögensberatung AG hat ihm eine 100.000 Euro-Spende "übergeben". Es kam es nach Informationen von *abgeordnetenwatch.de und SPIEGEL* zu einem Treffen in der Parteizentrale. In der EU-Kommission gibt es Überlegungen, Provisionen für Anlageberatungen zu verbieten. Viele Unternehmen würde dies massiv treffen. Denn ihre Vertriebsmitarbeiter/innen arbeiten häufig auf Basis von Provisionen, die sie bei erfolgreichem Vertragsabschluss kassieren. Ein Schuft, der Schlechtes dabei denkt.

Der *Stern* fasst das Thema CDU/CSU und Korruption am 20.03.2021 zusammen:

> „Wer regiert uns da eigentlich? (…) Bereicherung am Corona-Maskenverkauf, Kungeleien, Mandatsverzichte und Parteiaustritte – CDU und CSU geben zu Beginn des Superwahljahres ein verheerendes Bild ab. Die Fälle von Korruptionsverdacht und Lobbyverfehlungen haben Ausmaße angenommen, die den (damaligen) Parteichefs Armin Laschet (CDU) und Markus Söder (CSU) nur wenige Argumente gegen den Vorwurf eines strukturellen Problems lassen.“ [61]

Warum sind Politiker/innen der Union eher von Korruptionsfällen betroffen als andere? Ich kann aus meiner Zeit als Abgeordneter und in Kenntnis vieler

---

[61] https://www.stern.de/politik/(deutschland/cadu-csu-korruptionsfaelle, zuletzt geöffnet am 18.03.2023

Unionspolitiker/innen berichten, dass diese anders als Parlamentsmitglieder anderer Parteien deutlich mehr Kontakte in die Wirtschaft und so auch zu sehr gut Verdienenden haben. Sie werden Zeugen eines Lebensstils, den sie sich selbst als Politiker/innen nicht annähernd leisten können. Auch wenn es unbeliebt ist: die Vergütung unserer Mandatsträger/innen ist im Vergleich zu den Einkommen anderer Entscheidungsträger/innen, vor allem in der Wirtschaft, sehr niedrig, zumal Ausgaben im Zusammenhang mit der politischen Arbeit nicht steuerlich absetzbar sind. Wenn das eigene Umfeld im weiteren Sinne den Wohlstand ausgiebig genießen kann, will man schon ein Stück des Kuchens auch für sich, das ist allzu menschlich, aber eben doch nicht erlaubt und ethisch verwerflich. Hinzu kommt, dass potenzielle Vorteilsgeber/innen erwarten können müssen, dass die Korrumpierten auch wirksam werden können. Und da sind sozialdemokratische Entscheidungsträger/innen denn doch zu sehr in die Parteidisziplin zu bestimmten politischen Themen eingebunden, als dass sie hier zum eigenen Vorteil gegen den Strom schwimmen könnten.

Die CSU sah sich nach einem Skandal im Bayerischen Landtag sogar genötigt, 2013 einen Ethikkodex einzuführen.

> „Acht Seiten umfasst der von Waigel entworfene Ethikkodex, den sich die CSU Ende 2013 nach der Verwandtschaftsaffäre im Bayerischen Landtag gegeben hatte. Abgeordnete vor allem der CSU hatten auf Staatskosten Familienmitglieder beschäftigt. In dem Kodex

> steht, Politiker sollten charakterfest sein; integer, anständig und fair. "Zudem legen unsere Vertreter in den Parlamenten offen, welchen Nebentätigkeiten sie nachgehen", und wer ihr Arbeitgeber sei. "Sie schaffen auch Transparenz darüber, in welcher Größenordnung sich ihre zusätzlichen Einnahmen bewegen." [62]

Doch was war dieser Kodex wert, wie wurde er praktiziert? Der Ehrenvorsitzende Waigel hatte nach der Verwandtschaftsaffäre nicht nur den Kodex ausgearbeitet, sondern auch vorgeschlagen, eine Compliance-Stelle bei der CSU einzurichten. Compliance ist ein Begriff aus der Wirtschaft und bedeutet, Vorkehrungen gegen Korruption und andere Delikte zu treffen. Damit eben nichts anbrennt. Der Compliance-Beauftragte in der CSU-Landesleitung war und ist der Justitiar der Partei. Und ihm zur Seite stehen sollte ein Beratender Ausschuss, dem die Chefs der CSU-Gruppierungen in den Parlamenten angehören, also Landesgruppenchef Alexander Dobrindt aus dem Bundestag und Fraktionschef Thomas Kreuzer aus dem Landtag. Hinzu kommt laut Verhaltenskodex der Vorsitzende der Kommunalpolitischen Vereinigung der CSU. Ein hochkarätig besetztes Gremium also, das nur einen Nachteil hat. Es hat nie getagt. Kreuzer erklärte auf Anfrage, in den vergangenen Jahren sei es zu keiner Anrufung des Beratenden Ausschusses durch

---

[62] https://www.sueddeutsche.de/politik/georg-nuesslein-csu-masken-afffaere-1.5231387, zuletzt aufgerufen am 18.03.2023

Parteimitglieder gekommen. "Somit hat dieser nicht getagt und es gab auch keine Teilnahme von mir."

Das muss man sich dann wohl so vorstellen, dass Dobrindt, Kreuzer und andere auch keinen Anlass gesehen haben, sich zusammenzusetzen, um den Ethikkodex mit Leben zu erfüllen. Um zu beraten, wie man den eigenen Leuten all die hehren Leitsätze nahebringen könne. Der Politiker müsse unabhängig und unbestechlich sein und seinem Gewissen folgen, steht in dem Kodex unter Berufung auf Joseph Kardinal Höffner geschrieben, konstatiert die *Süddeutsche Zeitung*.

Die zahlreichen Verfehlungen um die Maskenbeschaffung in der Corona-Pandemie führten zu umfangreichen Diskussion über mögliche Transparenzmaßnahmen und neue Compliance-Regelungen.

> „Strukturell wird die politische Debatte geprägt von einem dissonanten Verhältnis (Widerspruch von Entscheidung und Wahrnehmung - der Verfasser) der Unionsparteien zu Transparenz. Die Partei konnte über viele Jahre eine Blockade gegen verschiedene Transparenzmaßnahmen aufrechterhalten. Darunter fielen zum einem aktuell diskutierte und beschlossene Initiativen, wie das Lobbyregister, Regeln für Abgeordnetenbestechung und Nebentätigkeiten, zum anderen das politische Ziel der Deregulation und des Bürokratieabbaus. Geradezu entgegengesetzt ist das Transparenzverständnis in anderen Politikfeldern. Im digitalen Raum stehen Teile der Partei beispielsweise für

Klarnamenpflicht, Telekommunikationsüberwachung und den sogenannten Staatstrojaner, im Sozialbereich für Offenlegungspflichten für Hartz IV, beim Elterngeld oder für Corona-Hilfen. Gerade diese Dissonanz führte in der aktuellen Debatte zu diesem hohen Maß an Kritik (zur Übersicht der Kritik, *Zeit Online* 2021; *Tagesschau.de* 2021b)." [63]

Genau diese Dissonanz wirft unangenehme Fragen auf. Bei Transparenzregelungen sperrt sich die Union allzu durchsichtig, bei Fragen, die vor allem ihre rechten Mitglieder und Wähler/innen mittragen, machen sie sich zur Speerspitze von vermeintlichen Sicherheitsanforderungen im Internet, die aber dem Wesen des Internets und des Datenschutzes widersprechen. Mir haben vermehrt Strafverfolger im Netz berichtet, sie kämen auch heute überall rein, bräuchten aber häufiger richterliche Anordnungen, was aber der Rechtsstaatlichkeit diene. Die Zusammenarbeit mit anderen ausländischen Behörden würden mögliche Lücken schließen.

Rechtsstaatlichkeit nur da, wo sie mir nützt? Korruption auch weiterhin nur ein Kavaliersdelikt?

---

[63] https://link.springer.com/article/10.1007/s41358-021-00270-7, zuletzt geöffnet am 18.03.2023

Dürftige Bilanz der Ära Merkel

Wenn der Politik die Fantasie ausgeht und sie in das Kleinklein der Tagespolitik, den Inkrememtalismus, flieht, wenn unterschiedliche Interessen und Bedürfnisse mit Hilfe einer „Wir-sind-doch-alle-Mitte-Ideologie" verkleistert werden, können sich immer mehr Menschen nicht mehr mit dem politischen System identifizieren. Vor fünfzig Jahren schon hat der US-Politikwissenschaftler Robert Alan Dahl auf die Langzeitwirkung der Politik von Volksparteien hingewiesen. Volksparteien müssen eine Politik der Kompromisse und des Verhandelns betreiben, so Dahl, eine Politik, die von Experten und Parteispitzen mit geringer Bindung an die Basis bestimmt wird und betont modefrierend daherkommt. Im Ergebnis steht ein politischer Prozess, halb pragmatisch und halb das zu wenig an ihren Problemen orientiert und zu bürokratisiert. Ein solcher Prozess wird als Instrument politischer Eliten zur Wahrung der eigenen Interessen wahrgenommen. [64]

Und genau diesen Politikstil hat Merkel perfektioniert. Es allen recht machen wollen verbietet große Reformen, die fast immer die Bevölkerung spalten. Seine Politik an den Demoskopen ausrichten und nur dort, wo es schmerzt, mit weißen Salben zu Hilfe kommen.

Der Wirtschaftswissenschaftler und Mitglied der Wirtschaftsredaktion der Frankfurter Allgemeinen Zeitung Philip Plickert hat 22 Professoren und Publizisten gebeten, eine Bilanz der "Ära Merkel" zu ziehen.

Zusammengefasst ist ihr Fazit ein Fiasko, es scheint einhellige Übereinstimmung darin zu herrschen, dass Merkel nicht nur in der Flüchtlingspolitik, der Energiewende oder der Eurokrise völlig versagt hat, auch ihrer eigenen Partei, der CDU, hat sie mit ihrem politischen Linksruck auf Dauer einen irreparablen Schaden zugefügt.

Sie nennen die Kanzlerin eine "Zauderin", deren tatenloses Aussitzen von Problemen und das kopflose Handeln in Krisen, Deutschland auf längere Sicht vor

---

[64] Klaus-Dieter Müller zitiert Robert Alan Dahl in: Müller, Klaus-Dieter (2019): Wider den Stillstand, bebra-verlag Berlin, S. 203

fast unlösbare Aufgaben stellen wird und die Zukunft unseres Landes unwiderruflich geschädigt hat. [65]

Es wird deutlich, dass sich ein klares Reformprofil oder gar eine politische Vision, für die die erste deutsche Bundeskanzlerin steht, kaum identifizieren lassen. Hinzu kommt, dass Angela Merkel für die CDU-Mitglieder, aber auch die Stammwähler und Stammwählerinnen der CDU eher für eine linke sozialdemokratische Politik stand.

Eine repräsentative Studie, für die unter anderem 6981 Interviews von der Konrad-Adenauer-Stiftung mit CDU-Mitgliedern geführt wurden, ergab 2015, dass aus Perspektive der CDU-Mitglieder sich die CDU als Partei deutlich links von der eigenen Position befinde. Die in die linke Mitte gerückte CDU scheint sich also unter Merkel von ihren Mitgliedern entfernt zu haben, die offenbar nach wie vor konservativere Positionen vertreten. Das gilt für junge und alte Mitglieder gleichermaßen. Zur Wahrheit gehört aber auch, dass die CDU laut Studie verglichen mit dem Durchschnittsbürger als deutlich rechts eingestuft wird und sogar etwas rechts von den eigenen Wählern (nicht Mitgliedern!) verortet wird. Allerdings ist gut möglich, dass das mittlerweile anders ist: Denn die Interviews für die erst jetzt veröffentlichte Studie wurden bereits im Frühjahr 2015 erhoben.

Kurz danach, ab dem Sommer 2015, verschärfte sich die Flüchtlingskrise. Die Kanzlerin entschied im

---

[65] https://www.amazon.de/hz/reviews-render/lighthouse/B07194YGJ1?filterByKeyword=angela+merkel&pageNumber=1, zuletzt geöffnet am 22.3.23

September des Jahres, in Ungarn festsitzende Flüchtlinge einreisen zu lassen – eine Entscheidung, für die Merkel noch heute regelmäßig heftige Kritik einstecken muss und welche die Linksruck-Debatte in der Union erst richtig entfachte.

Hat sich die CDU seit 2015 noch weiter von ihren Mitgliedern entfernt?

> „Merkels Gegner, die es ihr ankreiden, dass die AfD als Kraft am rechten Rand entstehen konnte, dürften sich durch die Studie nun bestätigt sehen. Wenn sich die CDU schon vor der Flüchtlingskrise von ihren Mitgliedern entfernt hatte – wie würde es erst aussehen, wenn eine Befragung heute erfolgte?
>
> Die Befürworter der Kanzlerin würden entgegenhalten, dass die Partei unter Merkel vielleicht bei den konservativen Wählern Einbußen hinnehmen musste, dafür aber in gleichem Maße Wähler in der Mitte und vielleicht sogar links davon für die CDU begeistern konnte, was vorher nicht möglich schien. Dass die 17 Jahre mit Merkel an der Parteispitze die CDU verändert haben – darin dürften sich beide Lager einig sein.
>
> Unionswähler ordneten die CSU 2014 sogar rechts von der AfD ein.
>
> Spannend ist vor allem ein kleiner Absatz in der Studie über die Schwesterpartei CSU. Laut Studie, für die auch sogenannte Tiefeninterviews mit anderen Parteimitgliedern durchgeführt wurden, wird zwar die AfD im

Durchschnitt von allen Befragten am weitesten rechts eingestuft. Doch eine erstaunliche Ausnahme gibt es: „Lediglich die Wähler der Union stufen die CSU etwas weiter rechts als die AfD ein“, heißt es auf Seite 12. Diese Tiefeninterviews wurden allerdings im Herbst 2014 erhoben – zu einer Zeit, in der die AfD noch die Partei der eurokritischen Wirtschaftsprofessoren unter Bernd Lucke war.“ [66]

Die Bundeszentrale für Politische Bildung fasst zusammen:

„Statt eigene Projekte oder gar Visionen umzusetzen, erschienen Angela Merkel und ihre Union vielfach als „Getriebene“ verschiedener Krisen, der öffentlichen Meinung und der Koalitionspartner. [67]

Und die Neue Zürcher Zeitung fügt hinzu:

„Als Merkel an die Spitze der CDU trat, befand sich die Partei in einer Reputationskrise. Jetzt steckt sie in einer Identitätskrise.“ [68]

Hat das auch mit Merkels Führungsstil zu tun? Der ehemalige CDU-Innenminister Brandenburgs, Jörg

---

[66] https://www.focus.de/politik/deutschland/studie-der-konrad-adenauer-stiftung-cdu-mitglieder-sehen-sich-klar-rechts-von-der-partei_id_8034114.html, zuletzt geöffnet am 19.03.2023

[67] https://www.bpb.de/shop/zeitschriften/apuz/343509, zuletzt geöffnet am 22.3.23

[68] https://www.nzz.ch/meinung/die-ewige-kanzlerin-geht, zuletzt geöffnet am 22.3.23

Schönbohm, sieht die CDU in der Merkel-Ära als ein rein akklamatorisches Instrument.

> „2005 hat die Bundeskanzlerin in ihrer ersten Regierungserklärung angekündigt: Mehr Freiheit wagen! Ein großes Wort. Wenn man sich dann anschaut, was umgesetzt wurde: gar nichts. Wir haben an keiner Stelle mehr Freiheit gewagt – siehe Antidiskriminierungsgesetz, Gesundheitsreform, Steuergesetzgebung. Die innere Befindlichkeit der CDU ist miserabel. Durchaus bezeichnend scheint mir, wie die ehemalige CDU-Ministerkandidatin und Politikberaterin Gertrud Höhler den inneren Zustand der Merkel-CDU sieht. Für Frau Höhler ist Leadership a la Merkel ein im wahrsten Sinne des Wortes autoritäres Regime, das allerdings verdeckt arbeitet, mit expliziten und subkutanen Schweigegeboten.“ [69]

Für eine neuere Studie im Auftrag der Konrad-Adenauer-Stiftung zu Wahlmotiven zur Bundestagswahl 2021 hat Infratest dimap zwischen dem 30. September und 20. November 2021 insgesamt 4.000 Personen telefonisch befragt (Umfrage 1030 der Konrad-Adenauer-Stiftung). Die Befragung fand im sogenannten Dual-Frame-Modus statt, bei dem 40 Prozent der Interviews über Mobilfunk und 60 Prozent über Festnetz durchgeführt wurden.

---

[69] Jörg Schönbohm in: Baring, Kraus, Löhr, Schönbohm: Schluss mit den Ausverkauf, a.a.O., S.35

Befragte, die innerhalb der letzten fünf Jahre einmal Union gewählt, bei der Bundestagswahl 2021 aber ihre Stimme einer anderen Partei gegeben haben, wurden ausführlich nach den möglichen Gründen gefragt, weshalb sie nicht die Union gewählt haben. Hier wird der Partei neben anderem eine mangelnde Problemlösungskompetenz, zu geringe Geschlossenheit (Zerstrittenheit) und nicht mehr auf der Höhe der Zeit zu sein, attestiert. Dagegen vermisste nur eine kleine Minderheit das Christliche in der Union. [70]

Ich bin der Überzeugung, dass es Angela Merkel gelingen konnte, sich so lange als „Mutter der Nation" zu halten, weil sie in den mutigen Reformen Gerhard Schröders und in der Sozialpartnerschaft zwischen Arbeitnehmern und Arbeitgebern, die auch in ihrer Ära hervorragend funktioniert hat, eine sehr gute Ausgangsposition fand. Was hätte Merkel heute getan? Mit ihrer Russland-Politik konfrontiert. Den immer gravierenden Klimakatastrophen. Der Diskussion um eine globale Mindeststeuer für Unternehmen mit mehr als 750 Millionen Umsatz im Jahr. Dem Rückstand Deutschlands bei der Digitalisierung.

Die Redakteurin in der Stabsabteilung Entwicklung und Kommunikation der Katholischen Universität Eichstätt Ingolstadt, Petra Hemmelmann, analysiert in

---

[70] Siehe hierzu. Konrad-Adenauer-Stiftung: https://www.kas.de/documents/252038/16166715/Wieso%2C+weshalb%2C+warum+-+Wahlmotive+bei+der+Bundestagswahl+2021.pdf/80db9c34-b1f5-e9a4-36d0-2abb93a180eb, zuletzt geöffnet am 19.03.2023

ihrem Buch „Der Kompass der CDU“ die Versprechen der CDU in den Wahlprogrammen mit den Ankündigungen in den Regierungserklärungen, also Versprechen und Wirklichkeit und kommt ebenfalls zu verheerenden Ergebnissen:

> „2009 ist die Zahl der Handlungsperspektiven im CDU-Wahlprogramm und auch die Zahl harter Versprechen mit 188 die mit Abstand höchste in der Programmgeschichte. Gleichzeitig jedoch finden sich nur 20 der harten Versprechen aus dem Programm in der Regierungserklärung wieder, davon 11 in exakter und neun in ähnlicher Form. Der Deckungsgrad zwischen den beiden Dokumenten liegt nur bei 10,6 %. Dies erstaunt, waren es 2005 in der Konstellation mit der SPD noch 33 Prozent und ist doch die FDP eigentlich der erklärte Wunschpartner der Union gewesen. (...) Das Wahlprogramm 2013 ist mit 41.790 Wörtern das mit Abstand umfangreichste der bisherigen Programmgeschichte der CDU. Auch die Zahl der Handlungsperspektiven erreicht mit 775 ihren vorläufigen Höchststand, die Zahl der harten Versprechen geht im Vergleich zu 2009 leicht zurück auf 185, womit das Wahlprogramm allerdings immer noch mit Abstand den zweiten Platz im Langzeitvergleich belegt. Die Handlungsorientierung ist daher insgesamt als sehr hoch einzustufen. Angesichts dieser Zahlen ergibt sich im Vergleich von Wahlprogramm und Regierungserklärung ein ernüchterndes Ergebnis: Nur fünf der harten Versprechen, die im Wahlprogramm 2013 identifiziert wurden, fanden sich auch in der Regierungserklärung wieder –

davon zwei in exakter, drei in ähnlicher Form. Der Deckungsgrad liegt folglich bei nur 2,7 % und damit nicht nur deutlich unter dem Wert von 2009, sondern auch dem von 1953, 1983, 1987, 1990, 1994 und 2005. (...) Feststellen lässt sich jedoch in jedem Fall, dass die Kritik, Merkel mangele es an Ideen und Inhalten, in diesen Regierungserklärungen einen Ansatzpunkt findet. Von den zahlreichen harten Versprechen, die in den Wahlprogrammen unter ihrer Verantwortung formuliert wurden, finden nur vergleichsweise wenige auch den Weg in die Regierungserklärungen." [71]

Der Verhaltensökonom Florian Willet fasst die Diskrepanz zwischen Wahlversprechen und deren Erfüllung zusammen:

> „Wahlversprechen sind nicht einklagbar! Wahlversprechen lassen sich zudem immer nachträglich mit Verweis darauf scheinbar relativieren, dass gewisse unerwartete Veränderungen der Rahmenbedingungen eingetreten seien, die nun verantwortungsbewusster Weise einstweilen andere Entscheidungen nahegelegt hätten als versprochen. Das ist die Mutter aller Politikerausreden. Wie sähen Wahlkämpfe wohl aus, wenn für Wahlversprechen persönlich

[71] Petra Hemmelmann (2017): Der Kompass der CDU. Analyse der Grundsatz- und Wahlprogramme von Adenauer bis Merkel, Springer VS Wiesbaden, S. 397 ff.

gehaftet werden müsste – schlimmstenfalls mit Gefängnisaufenthalt. [72]

Welchen Weg wird die CDU unter ihrem neuen Vorsitzenden Friedrich Merz gehen? Die *Neue Zürcher Zeitung* sieht kaum zu erwartende Änderungen:

> „Die CDU wird unter Friedrich Merz zu einer schizophrenen Partei. Der neue Vorsitzende wollte seiner Partei Ecken und Kanten verleihen. Doch daraus wird nichts. Die Christlich Demokraten widersprechen sich ständig selbst und sind gefangen zwischen Zeitgeist und Zeitgeistkritik. (...) Die Christlich Demokraten verstehen Politik als Wettbewerb, bei dem sich der Beste durchsetzt. Im Zweifel ordnen sie dem Erfolg die Programmatik unter. Andererseits weiß die CDU nicht, was sie zusammenhält. Sie kann ablehnen, was sie selbst praktiziert, kritisieren, wozu sie selbst aufruft, und ist darum auf dem besten Weg, eine schizophrene Partei zu werden. (...) Was sagt es über den Seelenhaushalt einer Partei aus, wenn sie am Nachmittag die Witze des Vorsitzenden über den Wust an Gleichstellungsbeauftragten beklatscht und am Abend dann für eine Frauenquote votiert? Die Quote ist das schärfste Instrument der Gleichstellungspolitik. Die CDU will zugleich als staatskritisch gelten und als staatsfreundlich, als modern und

---

[72] Willet, Florian (2018): Mir nach, ich folge Euch! Wie uns die Parteien über den Tisch ziehen. solibro Verlag Münster, S. 72

modernitätsskeptisch, als irgendwie konservativ und ganz gewiss fortschrittlich. Man will über die Verrücktheiten der anderen lachen, indem man sich diese selbst herausnimmt. Das kommt einer politischen Schizophrenie sehr nahe. (…)

Medizinische Vergleiche sind heikel, therapeutische Ferndiagnosen führen selten ans Ziel. Dennoch lassen sich Symptome eines «gespaltenen Gemüts» – so lautet die wörtliche Übersetzung von Schizophrenie – auf den Patienten CDU übertragen. Die Partei zeigt unter ihrem Vorsitzenden Friedrich Merz ein in hohem Masse widersprüchliches Verhalten. Sie neigt zu einem, wie es im Lexikon der Psychologie heißt, «formal vagen und inhaltlich flachen Denken», von keiner stabilen Persönlichkeit getragen. Sie ist nicht frei von innerer «Desorganisation».“ [73]

Das Weltbild und die Geschäfte des Friedrich Merz

Von Mayer Brown bis Blackrock, von Deutsche Börse bis WestLB: Friedrich Merz hat schon bei vielen Unternehmen Station gemacht. Zeitweise brachte er es auf fast 20 Ämter gleichzeitig. Im Machtkampf mit Kanzlerin Angela Merkel unterlegen, heuerte Merz 2005 als Partner bei der US-Großkanzlei Mayer Brown an, wo er mit seinem engmaschigen Netzwerk große deutsche

[73] https://www.nzz.ch/meinung/der-andere-blick/cdu-mit-friedrich-merz-unterwegs-zur-schizophrenen-partei-ld.1702871, zuletzt geöffnet am 22.3.23

und europäische Mandanten akquirieren sollte. 2010 erhielt er den Auftrag, einen Investor für die marode WestLB zu finden. 11 Millionen € soll Meyer Brown dafür bekommen haben. Mehr als 5.000 € pro Tagessatz wurden abgerechnet. Gutes Geld, das schlechtem hinterhergeworfen wurde, denn die WestLB wurde zerschlagen. Von 2005 bis 2015 saß Merz im Aufsichtsrat der Deutschen Börse, wo er offenbar als kritischer Fragesteller, bei einigen als querulantisch in Erinnerung blieb. Gleichzeitig habe auch die in Düsseldorf ansässige Bank HSBC Trinkhaus & Burkhardt Merz in den Verwaltungsrat geholt. HSBC soll an Geschäften beteiligt gewesen sein, die inzwischen als größter europäischer Steuerskandal aller Zeiten in die Wirtschaftsgeschichte eingegangen sind: Der Cum Ex Skandal, der die deutschen Steuerzahler/innen zwölf Milliarden Steuern gekostet hat. 2016 wechselt Merz als Aufsichtsratschef in den deutschen Ableger von Blackrock, dem größten Vermögensverwalter der Welt. Nach Bildung der neuen schwarz-grünen Landesregierung in Nordrhein-Westfalen übernahm Merz den Vorsitz im Aufsichtsrat des Flughafens Köln-Bonn. Es geht dort vor allem um Verfehlungen einiger Topmanager, unter anderem gegen den langjährigen Geschäftsführer Michael Garvens, einen Parteifreund von Merz. Der Aufsichtsratsvorsitzende Merz gab die Aufklärungsarbeit aber wieder an die Geschäftsführung zurück, also an die Personen, die teils selbst im Zentrum der Vorwürfe standen. [74]

---

[74] https://www.handelsblatt.com/politik/deutschland/der-cdu-kandidat-und-die-wirtschaft, vom 14.03.23, zuletzt geöffnet am 16.3.2013

Mehr als sechs Billionen Dollar – also umgerechnet fast 5,5 Billionen Euro, das sind 5.500 Milliarden Euro – hatte Blackrock Ende 2017 für seine Kunden angelegt. Zu diesen Kunden gehören Superreiche, Versicherungen, Stiftungen, Finanzabteilungen von Unternehmen, Staatsfonds und Pensionskassen. Weitere 14 Billionen Dollar laufen über die Analyse- und Handelsplattform "Aladdin", einen Supercomputer, der in Millisekunden die ökonomischen Folgen eines Ereignisses ausrechnet und dessen Service viele große Finanzdienstleister gebucht haben.

Blackrock sei lediglich ein Verwalter, lautet das Mantra des Blackrock-Chefs Larry Fink, der seine Abschlussarbeit im Studium über Immobilienfinanzen schrieb und zu den Erfindern der strukturierten Hypothekenpapiere gehört, die 2008 die Finanzkrise auslösten. Es gilt in diesem Unternehmen, das eingesetzte Vermögen um jeden Preis zu vermehren – und da stehen die Interessen der Kunden über allem. Experten führen viele der für Arbeitnehmer und Verbraucher schlechten Konzern-Fusionen auf den Druck der Großinvestoren zurück, weil sie so die Rendite ihrer Investments steigern. Auch bei Immobilieninvestments stehen hohe Gewinne im Vordergrund und nicht bezahlbare Wohnungen in gut gepflegten Miethäusern. Und auch als Steuerzahler macht Blackrock keine gute Figur. Das Unternehmen Blackrock, das über 70 Niederlassungen und 13.000 Mitarbeiter verfügt, hat einen großen Teil seiner Investmentfonds kostengünstig in Steueroasen angesiedelt. Schaut man sich die einzelnen Branchen an, gehört Blackrock bei den zehn Branchengrößten fast immer zu den drei größten Einzelaktionären. Oft hält der

Vermögensverwalter sogar den größten Aktienanteil, wie bei der britischen Großbank HSBC, der Allianz, BASF, Bayer, Royal Dutch Shell, BP, Unilever, British American Tobacco und Vodafone. [75] Einen wertvollen Mitarbeiter nennt Finck seinen Ehemaligen Friedrich Merz. Er war fünf Jahre als Aufsichtsratsvorsitzender der Blackrock Deutschland für die Amerikaner ein wichtiger Türöffner in Politik und Großkonzernen bei uns.

Mit seiner Wahl zum CDU-Vorsitzenden hat sich Merz aus den Gremien von Blackrock verabschiedet. Sein ganzes Leben als Wirtschaftsanwalt war er Vertreter der größten Finanzjongleure der Welt. Er weiß, wie diese denken und was politisch getan werden muss, um diese zu schützen und ihr maßloses Gewinnstreben weiter zu ermöglichen. Kann man dem CDU-Vorsitzenden glauben, dass er sich jetzt auch für die kleinen und mittleren Unternehmen einsetzen wird? Ist aus dem Saulus ein Paulus geworden? In aller Regel funktionieren die Verbindungen auch nach dem Wechsel in die Politik. Wie KMU denken, ist weit von den Erfahrungen des Friedrich Merz entfernt. Auch streift man Verbindungen, durch die man finanziell unabhängig geworden ist, nicht einfach so ab. Und so steht zu vermuten, dass die CDU auch in Zukunft die politische Vollstreckerin der Interessen der Multis bleiben wird. Das Feigenblatt KMU wird selbstverständlich auch weiterhin wie eine Monstranz vor sich hergetragen. Ein Anwalt des kleinen Mannes und der kleinen Frau wird Merz ganz sicher nicht.

---

[75] https://www.planet-wissen.de/gesellschaft/wirtschaft/kapitalismus/blackrock-100.html, zuletzt geöffnet am 31.3.2023

Wer das 2008 im Piper-Verlag erschienene Buch von Friedrich Merz mit dem ebenso mutigen wie entlarvenden Titel „Mehr Kapitalismus wagen“ gelesen hat, kennt seine politische Theorie, nach der gehandelt werden müsse, wolle man Freiheit und Wohlstand bei uns erhalten, die aber wesentliche gesellschaftliche Entwicklungen weitgehend ausblendet und davon ausgeht, dass wir Gefangene der Globalisierung seien.

> „In der Zeit, in der wir noch von `Nationalökonomie` sprachen, in der es also noch eine nationale Volkswirtschaft gab, hatten die Nationalstaaten noch einen prägenden legislativen Einfluss auf die Rahmenbedingungen `ihrer` Volkswirtschaften. Diese Zeiten gehören unwiderruflich der Vergangenheit an. Die globale Wirtschaft, die global tätigen Unternehmen haben die Grenzen der Nationalstaaten längst hinter sich gelassen. In einer Zeit der globalen Kommunikation, in der sich jedes Unternehmen der Welt von fast jedem Platz der Welt aus führen lässt, ist nichts und niemand mehr in der Lage, eine solche Entwicklung rückgängig zu machen. Der gute Geist der zusammenwachsenden globalen Ökonomie ist aus der Flasche. (...) Und deshalb sind wir gut beraten zu akzeptieren, dass die Welt um uns herum noch technologieorientierter werden wird – und noch kapitalistischer! Es nützen alle Beschwörungen eines deutschen Modells oder gar des `rheinischen Kapitalismus` als Gegenmodell zur angelsächsisch geprägten Form der Marktwirtschaft nichts, die Welt

wartet nicht auf Deutschland und unsere Befindlichkeiten.“ [76]

Die Kapitulation nationalstaatlicher Politik vor dem globalen Kapitalismus!

Merz beginnt in seinem Buch mit Überlegungen zur Gerechtigkeit und bezieht sich auf Platon und dessen Schüler Aristoteles, der zwischen „ausgleichender Gerechtigkeit“ und „verteilender Gerechtigkeit“ unterschied. In diesem Zusammenhang unterstellt Merz, dass Aristoteles sich bei der Verteilungsgerechtigkeit ausschließlich auf Privilegierte bezog, der ihre Privilegien aufgrund ihrer Verdienste für die Allgemeinheit zustanden, während wir in der politischen Auseinandersetzung heute nur einen „verteilenden Staat“ (den Wohlfahrtsstaat – der Autor) im Auge haben und nennt diesen „einen verkümmerten Gerechtigkeitsbegriff“.

Aristoteles geht davon aus, dass das Individuum (entsprechend seinen Kräften) zum Wohle der Gemeinschaft beiträgt, erfüllt die staatsbürgerlichen Pflichten, zahlt Steuern etc.; er geht aber weiter davon aus, die Gemeinschaft sorge dafür, dass dem Individuum dessen (verhältnismäßig) gerechter Anteil (z. B. Fürsorge) bzw. seine gerechte Strafe (bei Verstoß gegen die Ordnung) zukommt. Traditionell gehört damit die Aufrechterhaltung einer gerechten Ordnung schon bei Aristoteles zu den Pflichten der Herrschenden bzw. kommt den Beherrschten bei Unrecht ein

---

[76] Friedrich Merz (2008, 3. erweiterte Auflage): Mehr Kapitalismus wagen. Wege zu einer gerechten Gesellschaft, Piper Verlag München, S. 47, S. 61

Widerstandsrecht zu.[77] Diesen Teil der Überlegungen des großen griechischen Philosophen blendet Merz allerdings aus. Auch John Rawls, dem bedeutendsten Gerechtigkeitsforscher unserer Zeit, der als US-amerikanischer Philosoph an der Harvard University lehrte, widerspricht Merz. Rawls fordere mehr materielle Gleichheit und eine stärkere Umverteilung der privatwirtschaftlichen Gewinne zugunsten der finanziell Schwachen, da er soziale Ungleichheit nur unter Voraussetzung für legitim hält, dass alle von ihr profitieren. Merz hält diesen Grundgedanken, „trotz vieler überzeugender Einzelargumente nach wie vor für unplausibel." Merz ist der Überzeugung, dass „eine liberale Gesellschaft allen Mitgliedern ein Menschenrecht der Freiheit einräume", und sich Gerechtigkeit in Bezug auf die, die in der Lage seien, dieses Freiheitsrecht wahrzunehmen, primär an der Schaffung von Arbeitsplätzen orientieren müsse, sowie an Anreizen für die Menschen, bestehende Arbeitsangebote auch anzunehmen. Der Staat müsse nur ermöglichen, dass allen Bürgern diejenigen Güter bereitgestellt würden, die ein selbstbestimmtes und eigenverantwortliches Leben ermöglichen – aber auch nicht mehr. Merz nennt die Rechte auf Nahrung, Sicherheit, medizinische Grundversorgung und Bildung. Er nennt die Forderung nach mehr materieller Gleichheit „eine totalitäre

---

77 https://www.br.de/radio/bayern2/sendungen/radiowissen/ethik-und-philosophie/widerstand-wehren-staatsgewalt-100.html, zuletzt geöffnet am 12.4.2023

Forderung, die in Planwirtschaft und sozialistischer Diktatur münde.“ [78]

Im Umkehrschluss heißt das: Es ist völlig in Ordnung, dass die wohlhabendsten zehn Prozent der Haushalte in Deutschland zusammen etwa 60 Prozent des Gesamtvermögens besitzen, die unteren 20 Prozent gar kein Vermögen haben und etwa neun Prozent aller Haushalte negative Vermögen mit sich tragen, weil sie verschuldet sind. Wer daran etwas ändern wolle, münde den Weg in die sozialistische Diktatur. Da wissen wir doch, was uns erwartet, sollte die CDU unter Herrn Merz politische Verantwortung in Deutschland übernehmen. Merz geht noch weiter:

> „Es ist die Politik, welche die Hauptverantwortung dafür trägt, dass aus dem selbstbestimmten und eigenverantwortlichen Menschen ein durch Bürokratie gegängelter und von Transferleistungen abhängiger Nutznießer eines an die Leistungsgrenzen gelangten Sozialstaats geworden ist. Wer steigt noch auf, wenn die Früchte des Aufstiegs vom Staat beansprucht werden? Wer engagiert sich noch als Bürger seines Staats, wenn ihm der Staat zu verstehen gibt, dass er selbst das alles viel besser machen kann. (...) Dabei wurden zunächst kaum merklich, aber stetig zunehmend diejenigen belastet, die bislang das Rückgrat des Wohlstandes waren: hart arbeitende Familien, die es zu etwas gebracht hatten und die jetzt immer deutlicher in die Steuerprogression gerieten, die

---

[78] Merz, Friedrich, a.a.O.

> steigende Abgabenlast und die Last für einen Kinderunterhalt trugen.“ [79]

Bei ca. 278.000 € zu versteuerndem Jahreseinkommen steigt der Höchststeuersatz auf 45 %. Zuvor aber können eine Vielzahl von steuerbegünstigenden Modellen zur Anwendung kommen. Auch tut Merz so, als würden nur Reiche die Last für einen Kinderunterhalt tragen. Die Kosten treffen alle Eltern gleich, es sei denn, Eltern meinten, ihre Kinder seien etwas Besseres und müssten auf einem privaten Internat ausgebildet werden. An dieser Stelle wird seine Argumentation schon sehr elitär und peinlich.

Auch der Sozialstaat ist Merz ein Dorn im Auge:

> „Von keiner anderen Institution, von keinem anderen Leistungssystem erwartet die Mehrheit der Bürger so viel vom Staat wie im Fall der staatlichen Sozialversicherung. Das Risiko, krank oder pflegebedürftig zu werden, soll ebenso abgesichert werden wie das Risiko der Arbeitslosigkeit. (…) Der alles umsorgende Wohlfahrtsstaat alter Prägung ist nicht mehr länger bezahlbar. Der Kapitalismus im marktwirtschaftlichen Sinne könnte die Funktionsfähigkeit unseres Sozialstaates nicht nur besser organisieren, er könnte auch die vorhandenen Mittel viel wirkungsvoller einsetzen.“ [80]

Sein schon naiv wirkender Glaube an den Kapitalismus ist intellektuell schon deshalb schwer nachvollziehbar, als er

---

[79] Friedrich Merz, a.a.O., S. 70 f., S. 228

[80] Friedrich Merz, a.a.O., S. 136, S. 175

an anderer Stelle die Grundregel des Kapitalismus richtig beschreibt:

> „Die Tendenz, sich mit dem einmal Erreichten nie zufriedenzugeben, ermöglicht demnach erst allen technischen und kulturellen Fortschritt, alles Wachstum und den für uns längst alltäglichen Luxus. Doch weil dieses Immer-mehr-Wollen aus sich selbst heraus prinzipiell keine Grenzen kennt, bedeutet es zugleich eine latente, destabilisierende Gefahr für alles Zusammenleben.“ [81]

Ich möchte für dieses Kapitel abschließend die Finanzpolitik der CDU und die Haltung ihres Vorsitzenden ins Visier nehmen. Erst nach der politischen Revolution von 1989/90 wurde deutlich, was Kapitalismus wirklich bedeutet. Westliche Regierungen, insbesondere die USA und Großbritannien, nutzten die Überwindung des real existierenden Sozialismus, um den ungebändigten Kapitalismus über die ganze Welt zu verbreiten. Begrenzungen für das Kapital wurden abgebaut, was das Finanzsystem und die Weltwirtschaft veränderten. Die Liberalisierung der Finanzmärkte entfesselte den globalen Kapitalismus, dessen Triebkräfte explodierten. Den westlichen Industrieländern – aber bald auch China, Russland und anderen Schwellenländern – ging es noch stärker darum, die Chancen ihrer Exporteure auf dem Marktplatz namens Welt zu erhöhen, um den heimischen Lebensstandard zu verbessern. Der bekannteste Kritiker der entgrenzten Finanzmärkte ist Papst Franziskus, der in seiner Enzyklika Laudato ´si von 2015 eine „Unterwerfung der Politik unter die Technologie und das Finanzwesen“

---

[81] Friedrich Merz, a.a.O., S. 24

konstatierte (LS 54) und folgerte, dass die „Finanzen die Realwirtschaft“ ersticken (LS 109). Der Papst steht der Bankenrettung nach der Finanzkrise von 2007/8 äußerst skeptisch gegenüber:

> „Die Rettung der Banken um jeden Preis, indem man die Kosten dafür der Bevölkerung aufbürdete, ohne den festen Entschluss, das gesamte System zu überprüfen und zu reformieren, unterstützt eine absolute Herrschaft der Finanzen, die keine Zukunft besitzt (…).“ (LS 189)

Franziskus fordert einen ideologischen Perspektivwechsel. Nicht mehr der sog. Markt und der sog. Fortschritt sollen im Zentrum der Aufmerksamkeit stehen, sondern eine ganzheitliche Perspektive auf Mensch, Umwelt und Wirtschaft.“ [82]

Der ehemalige, 2017 verstorbene CDU-Generalsekretär Heiner Geißler findet 2005 im Interview mit dem österreichischen Wirtschaftsmagazin "trend", harte Worte für die weltweit dominante Wirtschafts- und Gesellschaftsform.

> "Die großen Global Player", so Geißler, könnten genau so frei agieren wie die Mafia, die Drogendealer, die Terroristen." Seit der Aufgabe der Vereinbarungen von Bretton Woods Anfang der Siebziger Jahre habe sich eine gigantische Finanzindustrie entwickelt. "Osama bin Laden finanziert seinen Terrorismus mit Hilfe

---

[82] ENZYKLIKA LAUDATO SI‘ VON PAPST FRANZISKUS, ÜBER DIE SORGE FÜR DAS GEMEINSAME HAUS

dieser gigantischen Finanzindustrie, an der er im Übrigen mit beteiligt ist." [83]

Was war passiert?

Standen etwa bis Anfang der 1980er Jahre realwirtschaftliche Projekte und Geschäftsideen im Mittelpunkt der Wirtschaftstätigkeit, kam es danach zu einer immer stärkeren Dominanz finanzwirtschaftlicher Motive und Überlegungen. Die klassischen Investitionen in Unternehmen, die Dienstleitungen oder Waren produzieren und diese am Markt absetzen, trat zu Gunsten moderner Investments in Finanzprodukte, die Rendite durch geschicktes Ausnutzen von Preisveränderungen für international gehandelte Assets (Aktien, Anleihen, Rohstoffe, Derivate etc.) versprechen, in den Hintergrund. Dieser Wandlungsprozess hängt auf entscheidende Weise mit der Deregulierung der Finanzmärkte zusammen. Die ökonomische Grundfunktion des Finanzsektors ist die Umwandlung von kurzfristigen Spareinlagen in langfristige Kredite zur Finanzierung von Unternehmungen. Die Finanzregulierung hatte die Aufgabe, die Finanzwirtschaft an diese Funktion zu binden. Mit dem Auflassen und dem Rückbau von gesetzlichen Vorgaben gewann der Finanzsektor neuen Handlungsspielraum – der die Casino-Mentalität auf den Finanzmärkten beförderte und zugleich dazu führte, dass die Kernfunktion der langfristigen Unternehmensfinanzierung vernachlässigt wurde. (...) Mit dieser neuen Perspektive änderten sich auch die vorherrschenden betriebs- und volkswirtschaftlichen Sichtweisen: War in früheren Zeiten etwa die Überlegung

---

83 https://www.ots.at/presseaussendung/OTS_20050424_OTS0008/trend-heiner-geissler-kritisiert-anarcho-kapitalismus, zuletzt geöffnet am 1.4.2023

zentral, dass die Löhne entlang der Produktivität steigen müssen, damit die Beschäftigten die von ihnen produzierten Güter auch kaufen können, rückte die Maximierung des Unternehmensgewinns mit dem Ziel, entsprechend attraktiv für ausländische Investitionen zu sein, immer stärker in den Vordergrund. Die Wirtschaft orientierte sich daher zusehends an den Interessen von Aktionär/innen und anderen Anteilseigner/innen, den Share Holdern. Die `positive Rückkoppelung von Massenproduktion, Masseneinkommen und Massenkonsumtion` wurde damit unterbrochen und die Prioritäten umgekehrt: Sozialstaatliche Politik oder gerechte Entlohnung erscheinen im Kampf um international flexible Investitionen eher hinderlich, während der weitere Abbau von Hürden für Finanzgeschäfte und die Flexibilisierung von Arbeitsverhältnissen als taugliche Instrumente angesehen werden. Im Gegensatz zu realwirtschaftlichen Investitionen, die potenziell Wertschöpfung generieren und damit unseren Wohlstand erhöhen, sind Veranlagungen in der Finanzwirtschaft ein Nullsummenspiel, das nicht zu einer Erhöhung des Wohlstands führt, sondern bloß den bestehenden Wohlstand unter den Spielteilnehmer/innen.

„Das Geld muss dienen und nicht regieren!“ heißt es in einem Bulletin, das die vatikanische Glaubenskongregation in Rom veröffentlicht hat:

> „Der Kapitalismus der Banken habe aufgrund seiner Verbreitung die Fähigkeit, die Realwirtschaft stark zu beeinflussen und sogar zu dominieren. Die Finanzwirtschaft sei ein Ort geworden, ′wo Egoismen und Missbräuche ein für die Allgemeinheit zerstörerisches Potenzial haben, das seinesgleichen sucht.′ Für die Theologien sind viele Fehlentwicklungen auf das Wirken von Bankern und

Fondsmanagern zurückzuführen, deren ungehemmte Geschäfte auch die Ungleichheit verstärkten.“ [84]

Wird die CDU unter dem Vorsitz ihres Vorsitzenden Friedrich Merz dieser christlichen Auffassung folgen und daraus politische Konsequenzen ziehen?

„Die Rekapitalisierung des Bankensektors mit staatlicher Hilfe ist notwendig, diese Maßnahme unterscheidet sich aber fundamental von allen anderen Branchen und deren Ruf nach staatlicher Hilfe. **Unsere Volkswirtschaft kann zur Not ohne Automobilindustrie, ohne chemische Industrie, ohne Maschinenbau, ja selbst ohne eigene Energieerzeugung auskommen. (…) Banken sind dagegen das Herz-Kreislauf-System einer jeden Volkswirtschaft. Deshalb tut die Politik gut daran, vergleichbare Staatshilfen für andere Sektoren klar und eindeutig abzulehnen.“** So Friedrich Merz in seinem Buch.

Kritische Stimmen von Herrn Merz zur Situation der internationalen Finanzwirtschaft habe ich vermisst. Er ist vielmehr der Überzeugung, einer Kapitalismuskritik werde es heute viel zu leicht gemacht. Das Fehlverhalten einzelner Manager oder die traurige Geschichte manch schlecht geführter Unternehmen werde insbesondere von der politischen Linken dankbar

---

84 https://www.welt.de/print/welt_kompakt/print_wirtschaft/article176480548/Das-Geld-muss-dienen-und-nicht-regieren.html, zuletzt geöffnet am 1.4.2023

aufgenommen und sogleich zum Systemversagen erklärt.[85] Sein Weltbild ist klar geprägt von einem grenzenlosen Glauben an die Mechanismen einer global agierenden Finanzwelt und an die Leistungsfähigkeit der großen multinationalen Konzerne. Das ist seine Welt. Da blendet er gerne die Zerstörung unseres Planeten durch die kapitalistischen Gesetzmäßigkeiten aus, lehnt alternative Formen als Weg in den Totalitarismus strikt ab, und will die Sicherheit unserer Menschen einer Privatwirtschaft überlassen, die aber vom Willen des Immermehr gekennzeichnet ist.

Einige Beobachter der internationalen Finanzwelt sprechen von Plutokratie, also von einem System sehr reicher Menschen, die aufgrund ihres Reichtums politische Macht ausüben, so Chrystia Freeland, die ehemalige stellvertretende Herausgeberin der Financial Times:

> „Die Plutokraten entwickeln sich zu einer transglobalen Gemeinde von Gleichen, die mehr miteinander als mit ihren Landsleuten daheim gemein haben. Ob sie ihre Hauptwohnsitze in New York oder Hongkong, Moskau oder Mumbai unterhalten, die heutigen Superreichen bilden zunehmend ein Volk für sich."[86]

Sie ist der Überzeugung, dass viele Plutokraten ihr Geld einsetzen, um eine politische Agenda zu finanzieren, die sich nahtlos mit ihren persönlichen Geschäftsinteressen

---

[85] Friedrich Merz, a.a.O., S. 52

[86] Chrystia Freeland (2013): Die Superreichen, Westend Verlag Frankfurt am Main, S. 97

oder mit den Interessen der plutokratischen Klasse als Ganzen deckt und nennt als Beispiel die Brüder Koch, die den Klimawandel in Abrede stellen und sich für eine verminderte staatliche Regulierung einsetzen.

Der US-Ökonom Jeffrey Sachs, Direktor des Earth Institute an der Columbia University in New York:

> „Die große Herausforderung ist, die politische Macht der Konzernriesen wieder einzudämmen. Diese Unternehmen können mit anonymen Zahlungen ins politische System ihren Interessen finanziellen Nachdruck verleihen, sie können Politiker dazu bringen, so oder so abzustimmen, und können es sich leisten, gegen missliebige Politiker Gegenkandidaten in Stellung zu bringen oder denen zumindest Facebook-Trolle an den Hals zu hetzen. Die Macht der Konzerne übersteigt heute die Macht jedes einzelnen Landes. Es braucht also viel mehr Aktionismus, um den Plutokraten die Macht zu entreißen.“ [87]

Man fragt sich doch in Bezug auf die Geschichte immer wieder, warum haben Menschen nicht vor einer Wahl die Bücher gelesen, die spätere Entscheidungsträger früh geschrieben haben, da stand doch alles drin. Dieses Werk von Friedrich Merz offenbart eine Gesinnung, die sicher auch keine Mehrheit in der CDU-Mitgliedschaft findet. Ich höre schon den Hinweis, das Buch sei ja schon 2008 geschrieben worden, seither

---

87 https://www.wienerzeitung.at/nachrichten/politik/welt/928339-Demokratie-in-den-Haenden-von-Plutokraten.html, zuletzt geöffnet am 14.4.2023

habe sich einiges geändert. Merz war im Jahre 2008 immerhin schon 53 Jahre alt. Da hat sich ein Weltbild verfestigt, mit dem man auch weiterhin rechnen muss.

Die Junge Union

Die Junge Union ist die Jugendorganisation der CDU und der CSU. Im Rahmen des ersten Deutschlandtreffens der Mitglieder kam es im Januar 1947 im hessischen Kurort Königstein im Taunus zur Gründung des Bundesverbands. Mindestens einmal im Jahr veranstaltet die Junge Union einen Deutschlandtag, auf dem auch der Bundesvorstand gewählt wird. In ihrer Satzung bezeichnet die Organisation sich als Vereinigung von jungen Personen "mit christlichem, demokratischem und sozialem Bewusstsein".

Wer die Social-Media-Auftritte der Jungen Union (JU) kennt, weiß: Immer ein bisschen drüber ist das Motto. Klar, die jungen Konservativen können auch noch ein bisschen zugespitzter, frecher, wilder formulieren, als ihre zur absoluten Seriosität verpflichteten Parteikolleg/innen von der großen Schwester.

Die Junge Union ist mit ihrem Social-Media-Auftritt aber schon mehrfach negativ aufgefallen. Erst vor kurzem nannte der Landesvorsitzende der Jungen Union Rheinland-Pfalz, Jens Münster, Karl Lauterbach auf Twitter einen „überbewerteten Dummschwätzer“. Sein Vergehen? Er hatte sich positiv zur Klimaschutzbewegung „Fridays for Future“ geäußert. Zwar entschuldigte sich Münster später, professionell ist diese Entgleisung aber dennoch nicht.

In diesem Jahr postete die Junge Union auf Facebook und Instagram ein Sharepic (Text-Bild-Kombination in den sozialen Medien) zum Thema Gendern, denn das mag man bei der Jungen Union gar nicht. Der Text auf dem Bild einer Frau im grauen Pulli lautet: `Die Freiheit des Denkens stirbt mit dem Zwang zum Stern.`

„Besonders subtil ist es nicht: Hier wird der Genderstern von der Jungen Union wohl gedanklich in die Richtung des Judensterns gerückt, ein Symbol, das im Nationalsozialismus genutzt wurde, um Jüd/innen im öffentlichen Raum als minderwertig zu brandmarken. Die Message ist klar: Wir haben mit dem Genderstern in den Augen der Jungen Union einen Zwang zum Stern, wie damals die Jüd/innen im Nationalsozialismus.

Damit geschieht eine Abwertung und Verharmlosung des Leides der jüdischen Bevölkerung - es ist Holocaust-Relativierung der schlimmsten Sorte. Die JU vergleicht den Zwang, einen Judenstern zu tragen, der auf den Versuch der Vernichtung eines ganzen Volkes hinauslaufen sollte, mit einer sprachlichen Weiterentwicklung, die den jungen Konservativen nicht gefällt. Sie behaupten somit eine moralische Gleichwertigkeit mit der Vernichtung von Jüd/innen - und das ist mehr als nur daneben. Der Post ist nach der öffentlichen Reaktion schnell wieder gelöscht worden. [88]

Auch andere JU-Mitglieder missfielen als Rechtsaußen:

---

[88] https://www.fr.de/meinung/kommentare/junge-union-stern-genderstern-holocaust-facebook-instagram-cdu-90312962.html, zuletzt geöffnet am 19.03.2023

> „Die Affäre um rechtspopulistische Ausrutscher des JU-Funktionärs Thomas Schwed weitete sich aus. (…) Schwed hatte über Facebook unter anderem Auszüge aus Soldatenliedern zitiert, die früher auch von der Wehrmacht gesungen worden waren und die zum Teil von extremistischen Bands nachgespielt werden. Außerdem hatte er einen Link gesetzt, der auf YouTube ein Eisernes Kreuz zeigt. Über den neuen JU-Vorsitzenden Münchens, Günther Westner, schrieb Schwed: ´Wer seine eigenen Ideale verrät, ist ein schäbiger Lump´ - eine Formulierung, die im Dritten Reich gerne von Nazi-Richter Roland Freisler verwendet wurde, um Angeklagte vor dem Volksgerichtshof zu verhöhnen.“ [89]

Aber auch andere Vorwürfe wurden laut:

> „Nach dem überraschenden Rücktritt des Vorsitzenden der Jungen Union (JU) im Saarland, Frederic Becker, wurden brisante Hintergründe bekannt. So hatten mehrere weibliche Mitglieder der CDU-Nachwuchsorganisation Becker zuvor Anzüglichkeiten und ungewollte Berührungen vorgeworfen.“ [90]

Eine Gruppe junger CSU-Mitglieder, die befreundete Funktionäre der Jungen Union waren, beeinflusste ab 2001 parteiinterne Wahlen der Münchner CSU. Ziel war

---

[89] https://www.sueddeutsche.de/muenchen/nach-rechtspopulistischem-ausrutscher-csu-will-umstrittenen-ju-mann-loswerden-1.1127784, zuletzt geöffnet am 2.4.2023

[90] https://www.volksfreund.de/region/rheinland-pfalz/ju-chef-im-saarland-tritt-zurueck-grapscher-affaere-beim-cdu-nachwuchs_aid-80028603, zuletzt geöffnet am 2.4.2023

es, an Parteiposten und politische Ämter zu gelangen. Der Münchner Merkur und die Süddeutsche Zeitung deckten ab Herbst 2002 „Mitgliederschleusungen“ und ab Frühjahr 2003 „Mitglieder- und Stimmenkauf“ in der Münchner CSU auf. Durch staatsanwaltliche Ermittlungen und ein Amtsgerichts-Verfahren wegen Urkundenfälschung gegen einige Nachwuchspolitiker geriet die im Juni 2003 neugewählte CSU-Bezirksvorsitzende Monika Hohlmeier unter zunehmenden Druck. Im Juni 2004 wurden drei Angeklagte zu empfindlichen Geldstrafen verurteilt. Nachdem einer der Beschuldigten im Juli 2004 in der Süddeutschen Zeitung behauptete, die bayerische Kultusministerin habe von den Wahlmanipulationen gewusst und habe sie gebilligt, kündigte Monika Hohlmeier ihren Rücktritt vom Münchner Bezirksvorsitz an.“ [91]

Auch der CDU-Hoffnungsträger in Mecklenburg-Vorpommern löste massive Kritik aus:

> „Der junge CDU-Bundestagsabgeordnete Philipp Amthor stand wegen seiner Verstrickungen mit der amerikanischen IT-Firma Augustus Intelligence in der Kritik. Wie der „Spiegel“ enthüllt hatte, soll der Jungpolitiker für das Unternehmen bei Wirtschaftsminister und Parteifreund Peter Altmaier geworben haben. Der 27-jährige Amthor ließ als Reaktion auf eine Anfrage des Magazins seine Tätigkeit für eine große

---

[91] https://de.wikipedia.org/wiki/M%C3%BCnchner-CSU-Aff%C3%A4re, zuletzt geöffnet am 2.4.2023

Wirtschaftskanzlei ruhen. Er habe sich dazu entschieden, um sich „politisch nicht noch angreifbarer zu machen", teilte Amthor über sein Bundestagsbüro mit. [92]

„Vom Shootingstar zum Rohrkrepierer – die Karriere des CDU-Newcomers Philipp Amthor kennt derzeit nur eine Richtung: bergab. Ob Lobbyismus-Affäre, Foto mit einem Neonazi, unklare Machenschaften mit TikTok oder überhöhte Geschwindigkeit – der Mann, der Manuela Schwesig als Ministerpräsidentin ablösen sollte, kämpft ums politische Überleben." [93]

Aber es gibt ja viele vom Schlage Amthors. Zum Beispiel den Hamburger Parteichef Christoph Ploß. Der Mann ist 36 Jahre alt. Mit ihm als Spitzenkandidat hat der CDU-Landesverband ein katastrophales Ergebnis eingefahren. Aber Ploß tourt trotzdem durch die deutschen Fernsehkanäle und fordert eine konservativere und wirtschaftsliberale CDU. Kein Wunder, dass Karl-Josef Laumann da der Kragen platzt. „CDU-Landesvorsitzende wie Christoph Ploß, die in ihrem eigenen Bundesland nur noch 15 Prozent holen, sollten sich mit Ratschlägen zur Ausrichtung der CDU zurückhalten", schimpft der Chef des

[92] Der Tagesspiegel vom 19.06.2020

[93] https://www.focus.de/politik/deutschland/cdu-nachwuchshoffnung-der-rasante-absturz-des-philipp-amthor-mit-raser-affaere-erreicht-er-neuen-tiefpunkt_id_24438963.html, zuletzt geöffnet am 2.4.2023

Arbeitnehmerflügels. Die CDU wolle „eine Volkspartei sein und kein wirtschaftsliberaler Klientelverein".

Wegen des Einbruchs der Union bei der Bundestagswahl gibt es jetzt nur noch 15 Bundestagsabgeordnete, die Mitglieder der Jungen Union sind. Die Jungsozialisten stellen 49, deutlich mehr als bisher." [94]

Nikolas Löbel (geb. Koch-Löbel; * 17. Mai 1986 in Mannheim) ist ein ehemaliger deutscher Politiker (CDU, seit März 2021 parteilos). Von 2017 bis zur Mandatsniederlegung im März 2021 war er Mitglied des Deutschen Bundestages. Durch die „Maskenaffäre" um die Entgegennahme hoher Provisionen für Atemschutzmaskenverkäufe während der COVID-19-Pandemie und seinen darauffolgenden Rückzug aus der Politik erlangte Löbel bundesweite Bekanntheit. [95]

> Wegen der Turbulenzen in der Jungen Union pfeift jetzt auch dem CDU-Landesvorsitzenden und neuen Berliner Regierenden Bürgermeister Kai Wegner der Wind um die Ohren – im Mittelpunkt steht sein Abgeordneter Lucas Schaal, bundesweit bekannt geworden als einziger CDU-Direktmandatsgewinner in der ansonsten grün dominierten Berliner Innenstadt. Wegners Mann aus Berlin-Mitte will mit allen Mitteln an die Macht, auch in der JU: Er bedroht Parteifreunde

---

[94] https://www.sueddeutsche.de/politik/junge-union-deutschlandtag-cdu-tilman-kuban-laschet-1.5437951, zuletzt geöffnet am 2.4.2023

[95] https://de.wikipedia.org/wiki/Nikolas_L%C3%B6bel, zuletzt geöffnet am 2.4.2023

und unterbindet Abstimmungen, wenn er seine Mehrheit in Gefahr sieht.

Jetzt hat Schaal, nebenbei Referent von Friedrich Merz, erstmals direkt den Berliner CDU-Vorstand und damit auch Kai Wegner in seine Aufstiegsintrigen eingebunden: Auf Schaals Antrag hin stoppte das Landesparteigericht wegen behaupteter Formfehler kurzfristig die JU-Landeskonferenz, auf der sich Schaal zum Vorsitzenden wählen lassen wollte – sich aber der Mehrheit der Delegierten wegen seiner Drohgebärden nicht mehr sicher war.

Parteifreunde bescheinigen Schaal eine ausgewachsene politische Paranoia. So wird berichtet, der Abgeordnete habe bei einem Treffen der JU-Kreisvorsitzenden eine Teilnehmerin angeherrscht, sie bedrängt und aufgefordert, ihm ihr Handy zu zeigen – er unterstellte ihr, Tonaufnahmen gemacht zu haben.

Dass Schaal es als JU-Kreisvorsitzender von Mitte selbst mit einer Wahlanfechtung zu tun hat, konnte er bisher unterm Deckel halten. Der Vorwurf: Eine Manipulation zu Schaals Gunsten bei der Wahl seiner Stellvertreter. Anders als bei der Entscheidung des Landesparteigerichts, die JU-Landeskonferenz binnen Stundenfrist zu stoppen, liegt die Anfechtung in Mitte seit Februar bei Schaals Kreisparteigericht auf Eis.

Politisch kommt Wegner die Aufmerksamkeit für Schaal ungelegen: Der heutige Abgeordnete kokettierte früher gerne mit Rechtsaußenpositionen. Bei einer Bootsfahrt des Vereins zur Erhaltung der Rechtsstaatlichkeit und der bürgerlichen Freiheiten plauderte Schaal, damals bereits Mitarbeiter von Friedrich Merz, angeregt mit David Bendels – der Vereinsgründer war aus der CSU ausgetreten, weil sie ihm ´zu links´ war. Stattdessen begann er, mithilfe anonymer Großspender die AfD zu unterstützen. [96]

Die Unionsparteien selbst hadern offenbar zunehmend mit ihrem Nachwuchs:

> „46 Prozent der Erstwähler haben bei der Bundestagswahl FDP oder Grüne gewählt, aber nur zehn Prozent die Unionsparteien. Die CDU hat gerade mit vielen schmerzhaften Erkenntnissen zu kämpfen - das ist eine der schlimmsten. Es gibt derzeit nicht wenige in der CDU, die dafür auch die Junge Union verantwortlich machen. Die JU sei eine Jugendorganisation, die den Kontakt zur Jugend verloren habe, heißt es da. Sie sei vor allem ein Karrierenetzwerk, ihre Mitglieder lebten in einer Parallelwelt.“ [97]

Sicher schießen gerade junge Parteimitglieder in allen Parteien gerne mal übers Ziel hinaus. Der Vorwurf aber, die Junge Union würde anders als bei den Jugendorganisationen anderer Parteien lediglich als persönliche Karriereleiter genutzt und populistische

---

[96] https://navigator.gmx.net/mail?sid=977efafab670d4fccd3859d113aa581e7b6be9464638324c582e5e29439517721719eb3e0c955e568bf8e182dc482516 zuletzt geöffnet am 17.4.2023

[97] https://www.sueddeutsche.de/politik/junge-union-deutschlandtag-cdu-tilman-kuban-laschet-1.5437951, zuletzt geöffnet am 2.4.2023

und nationalsozialistisch anmutende Äußerungen sind ein Spezifikum der Jungen Union.

Eine spezielle Partei: Die CSU

Die Christlich-Soziale Union in Bayern e.V. (CSU) ist eine Ausnahmeerscheinung in der deutschen Parteienlandschaft. Einerseits handelt es sich um eine Regionalpartei, die bei Wahlen nur in Bayern antritt. Andererseits verfügt sie dort über den Status einer Volkspartei und kann auf eine längere Hegemonie zurückblicken als jeder Landesverband einer anderen deutschen Partei. Die Politikwissenschaft ordnet sie als Mitte-Rechts-Partei ein. Der langjährige Vorsitzende der CSU, Franz-Josef Strauß, sah das nicht so differenziert. Er gab am 9. August 1987 die Losung aus: Rechts von der CSU darf es in Bayern keine demokratisch legitimierte Partei geben.

Die *Bundeszentrale für Politische Bildung* gibt näher Auskunft über die wichtigsten programmatischen Ziele der CSU:

> „Die restriktive Haltung in der Zuwanderungsfrage hat das Verhältnis der CSU zu den Kirchen, vor allem zur katholischen Kirche in jüngster Zeit stark belastet. So forderte die von der Landesregierung 2018 verordnete `Kreuzpflicht` in Amtsgebäuden den offenen Widerspruch des Münchener Kardinals Reinhard Marx heraus, der darin den Missbrauch eines christlichen Symbols erblickte. Die Kritik wird in Teilen der Partei geteilt, die aus den christlichen Werten auch bestimmte

humanitäre Verpflichtungen in der Flüchtlingspolitik ableiten. Der konservative Mainstream der CSU betrachtet das Christliche dagegen eher als kulturelle Chiffre für das "Abendland", das gegen äußere Einflüsse verteidigt werden müsse (Handwerker 2019). Durch die Konkurrenz der AfD gewann diese Position im Umfeld der Bundestagswahl 2017 stark an Boden, bevor sie nach dem offenkundigen Scheitern der Eindämmungsstrategie ab 2018 wieder einer gemäßigteren Linie Platz machte. (...)

> Im Juli 2018 stellte der CSU-Bundesinnenminister Horst Seehofer – ohne Absprache mit der Bundeskanzlerin und der CDU-Bundestagsfraktion – den „Masterplan Migration" der Öffentlichkeit vor. Vier Handlungsfelder benennt das Paket, darunter Maßnahmen in Herkunfts- und Transitländern von Flüchtlingen sowie Vorhaben auf EU-Ebene. Flüchtlings- und Hilfsorganisationen äußerten sich sehr kritisch gegenüber Seehofers Masterplan. Das evangelische Hilfswerk „Brot für die Welt" bezeichnete den Plan als „Debakel für die Humanität". Der Geist des Masterplanes zeuge von einer unglaublichen Borniertheit und von einer engstirnigen Provinzialität. Er sei nur von nationalen Interessen geleitet, nicht aber von humanitären Werten. Der Minister schreibt von "sicheren Orten" unter anderem in Nordafrika – dorthin könnten im Mittelmeer aufgegriffene Flüchtlinge

zurückgebracht werden. Um der aktuellen Notlage bei Abschiebehaftplätzen zu begegnen, solle die "Trennung von Abschiebungsgefangenen und anderen Häftlingen" vorübergehend ausgesetzt werden, also Abschiebehäftlinge mit Kriminellen gleichbehandelt werden. Zudem solle geprüft werden, ob "Gewahrsamseinrichtungen" des Bundes an Verkehrsflughäfen insbesondere für Sammelabschiebungen eingerichtet werden könnten. [98]

In der Umweltpolitik setzt sich die CSU seit den 1950er-Jahren vehement für die Nutzung der Atomenergie ein, bis sie 2011 der von der schwarz-gelben Bundesregierung abrupt eingeleiteten "Energiewende" zustimmte. Unter der neuen Führung von Söder ist die Partei sichtlich bemüht, ihr bisheriges Bremserimage in der Klimaschutzpolitik abzustreifen: So setzt sie sich etwa für einen früheren Kohleausstieg, eine ökologische Umgestaltung der Kfz-Steuer und ein europaweites Mautsystem ein. Letzteres soll an die nationale Pkw-Maut für Ausländer treten, die die CSU gegen erhebliche Bedenken 2013 in der Großen Koalition durchgesetzt hatte.

Die grüne Vizepräsidentin des Deutschen Bundestages, Katrin Göring-Eckardt, richtete einen flammenden Appell bei `hart aber fair` an die CSU, beim Klimaschutz endlich schneller zu handeln. Speziell zur CSU-Politikerin Monika

---

[98] https://www.zeit.de/politik/deutschland/2018-07/masterplan-migration-csu-horst-seehofer-asylpolitik, zuletzt geöffnet am 7.4.2023

Hohlmeier, Tochter des legendären CSU-Vorsitzenden Franz-Josef Strauß, sagte sie: "Sorry, ich kann es Ihnen nicht ersparen. Weil Sie und Ihre Partei und alle, die vor uns regiert haben, es versemmelt haben. Es richtig versemmelt haben". Dafür gab es lautstarken Applaus aus dem Publikum.

> „Zum Erfolgsrezept der CSU gehört neben ihrem Regierungspragmatismus die Fähigkeit zur populistischen Wähleransprache. Themen wie die Ausländermaut, Bayerns übermäßige Belastung im Finanzausgleich, die Ablehnung gemein-schaftlicher Schulden in der EU und die Begrenzung der Zuwanderung sollten das "Wir-Gefühl" der bayerischen Bevölkerung stärken. Sie waren zugleich eine Reaktion auf die AfD, die die von Strauß geforderte Integrationsfähigkeit der Partei nach Rechtsaußen in Frage stellt.“ [99]

Im November 2016 hat die CSU auf ihrem Parteitag in der Münchner Messehalle auch über das neue Grundsatzprogramm abgestimmt. Das Programm richtet sich an diejenigen, die eigentlich immer Union gewählt haben, das aber in letzter Zeit nicht mehr machen. Wegen der Flüchtlinge, der Globalisierung oder weil ihnen die CDU zu links geworden ist. Markus Blume, ein bestenfalls Insidern bekannter Landtagsabgeordneter, hat das Programm federführend geschrieben. Lob von Horst Seehofer für

---

[99] https://www.bpb.de/themen/parteien/parteien-in-deutschland/csu/42175/die-programmatik-der-csu/, zuletzt geöffnet am 24.3.23

seine Arbeit in den höchsten Tönen. Kann Blume den Enttäuschten eine neue Heimat geben?

> „Es steht an einer anderen Stelle auch: In Deutschland gilt das Grundgesetz. Das wäre vor drei Jahren eine Trivialität gewesen und heute bekommst du dafür Beifall. Man braucht nicht einmal den Zusatz: ´– und nicht die Scharia`. Die Menschen spüren, dass sich viele Gewissheiten auflösen und an deren Stelle Verunsicherung tritt. Gegen diese Verunsicherung eine Idee von neuer Ordnung zu skizzieren, das ist unser Anspruch."

Warum klingt die CSU manchmal so nach AfD?

> „Das ist bedauerlich, aber nachvollziehbar. Die Menschen nehmen in Umfragen vier Parteien links der Mitte wahr, aktuell auch die CDU. Und nur eine Partei rechts der Mitte, das ist die CSU. Und wenn die CSU eben nur in Bayern antritt, dann ist das eine einfache Frage von Angebot und Nachfrage, dass die Menschen sich außerhalb Bayerns eine Alternative suchen. Die Union ist gut beraten, ihr politisches Angebot wieder so zu verbreitern, dass sie politische Heimat für das gesamte Spektrum bürgerlicher Überzeugungen ist. Da gehört der Stammtisch genauso dazu wie großstädtische Milieus. (...) Wir waren immer eine Partei, die Liebe zur Heimat gezeigt hat, die zum Vaterland und zu Europa steht, die für Recht und Ordnung eintritt. Nur weil jetzt andere Bewegungen bestimmte Begriffe für sich reklamieren, werden sie nicht falsch. Im Gegenteil zeigt das eher, dass es

offenkundig gerade auch bei den Wählern eine Nachfrage gibt nach politischen Angeboten, die um solche Leit- und Schlüsselbegriffe herum politische Antworten liefern. Deshalb sehe ich hier auch keinen Erklärungsbedarf", sagt Blume. [100]

Hinsichtlich ihrer Sozialmerkmale sind die typischen CSU-Wähler älter als der Bevölkerungsdurchschnitt, weisen eine größere Nähe zur Kirche auf und leben häufiger auf dem Land (Sebaldt 2018: 269). Weibliche und männliche Wähler halten sich in etwa die Waage; allerdings ist der Unterschied zwischen den Altersgruppen bei den weiblichen Wählern noch stärker ausgeprägt als bei den Männern. Unter den Berufsgruppen ist das Verhältnis ebenfalls relativ ausgeglichen. [101]

„Die CSU ist eine christlich-konservative Partei. Dies kommt auch in ihrem Wählerprofil zum Ausdruck: bayernweit bezieht sie ihre Stimmen mit Schwerpunkt von älteren, christlich gebundenen Bürgern mittlerer schulischer und beruflicher Qualifikation. Zudem hat sie ihre Hochburgen in konservativen ländlichen Regionen, wogegen urbane Milieus nicht zu ihren Schwerpunkten zählen. Allerdings gibt es auch

---

[100] https://www.zeit.de/politik/deutschland/2016-10/csu-grundsatzprogramm-markus-blume-afd-waehler, zuletzt geöffnet am 19.03.2023

[101] https://www.bpb.de/themen/parteien/parteien-in-deutschland/csu/42181/wahlergebnisse-und-waehlerschaft-der-csu/, zuletzt geöffnet am 19.03.2023

Wandel: die Überzahl weiblicher Wähler ist unter den Jüngeren geschwunden, wogegen die Zahl konfessionell ungebundener Wechselwähler steigt. Künftige Mehrheiten werden dadurch zur Herausforderung. [102]

Der politische Reporter der *Süddeutschen Zeitung*" Roman Deininger beschreibt die CSU treffend als eine bayerische Dynastie, und wie bei den Wittelsbachern sei das Drama nie weit:

„Die Christsozialen sind die Hauptdarsteller im bayerischen Welttheater unserer Tage, das seit jeher das Publikum in der ganzen Republik fesselt. Die CSU ist eine spezielle Partei, faszinierend in ihren Widersprüchen: provinziell und weltläufig, piefig und innovativ, konservativ und liberal, kleingeistig und großkotzig, kraftstrotzend und verletzlich. (...) Aber so wie Bayern kein ganz normales Land ist, ist die CSU auch keine ganz normale Partei – mit ihrem Sinn für Theatralik, ihrer Neigung zum Größenwahn und ihrer periodisch aufflammenden Lust an der Anarchie. Bayern, hat die Augsburger Historikerin Marita Krause mal erklärt, sei immer so groß gewesen, dass seine Herrscher glaubten, `mit den Großmächten mitspielen zu können`- aber doch zu klein, als dass es richtig geklappt hätte. (...) Die CSU hat ihre Politik immer auch an den Gefühlen der Menschen ausgerichtet. Das war keine Tugend, aber eine Stärke. (...) Die `Lufthoheit über die Stammtische`

---

102 https://link.springer.com/chapter/10.1007/978-3-658-30731-8_8, zuletzt geöffnet am 19.03.2023

> hat sie stets für den Schlüssel ihres Erfolgs gehalten."

Aber genau diesen Spagat zwischen Stammtischen in den bayerischen Landkreisen und einer durchdachten, den Problemen gerecht werdenden Klima- und Energiepolitik zum Beispiel, machen die vor allem in den Ballungszentren lebenden kritischen und gebildeten Bürger/innen nicht mit. So erklären sich die deutlichen Unterschiede der CDU-Gefolgschaft auf dem Lande und in den Städten. Ich warne aber davor, diese derbe Sprache eines Markus Söder zu unterschätzen. Im Mittelpunkt der Kommunikation der „Stammtisch-Sprache" steht die angestrebte Identifikation mit den Bürger/innen und das Vermitteln eines Wir-Gefühls. Um das zu erreichen, nutzen populistische Akteur/innen eine vergleichsweise einfache Sprache. Jedes Wort hat eine Grundbedeutung, die mental abgespeichert und bei der Benutzung des Begriffes abgerufen wird. Dementsprechend lösen unterschiedliche Wörter verschiedene Emotionen aus, je nach individueller Konnotation. Eine Untersuchung der Universität Salzburg zu den genutzten sprachlichen Mitteln in Facebook-Postings der Parteien CDU/CSU und der AfD sowie ausgewählter Parteimitglieder mit dem Titel „Sprache im Populismus – einfache Antworten auf komplizierte Fragen" von Christian Gartmeier, Sandra Schnabel und Jeanette Wölfling kommt entsprechend zu folgenden Ergebnissen:

> „Die CDU/CSU (Politiker/innen) benutzen mehr sprachliche Mittel, die populistisch geprägt sind, als die AfD (Politiker/innen) sprachliche Mittel nutzen,

die sachpolitisch geprägt sind. Zu diesem Ergebnis führen vor allem die Ausreißer auf Seiten der CDU/CSU, nämlich Paul Ziemiak und Alexander Dobrindt – beide Politiker verwenden überdurchschnittlich viele populistisch geprägte sprachliche Mittel. Dass die CDU/CSU und ihre Politiker/innen sprachliche Mittel mit populistischer Ausprägung verwenden, könnte unter anderem an dem Erfolg der Kommunikation von Populist/innen in den Sozialen Medien liegen und dem Druck, mit selbigen mithalten zu können, um die eigenen Abonnentenzahlen bzw. die Interaktion und die Reichweite nach oben zu treiben und sich mehr Gehör zu verschaffen". [103]

Wenn Politik vor dem Hintergrund bahnbrechender Herausforderungen in den nächsten Jahren verstanden werden soll, muss der populistische Sprachstil von Politiker/innen unterbleiben. Und so kommen wir zu einem, der es auch vorzieht, einfache Antworten auf komplexe Fragen zu geben – Markus Söder.

Der Provokateur Söder

Markus Söder wird am 5. Januar 1967 in Nürnberg geboren. Seinem Vater Max gehörte eine kleine Baufirma mit 5-10 Mitarbeitern, je nach Auftragslage. Mutter Renate Söder, eine gelernte Bankkauffrau,

---

[103] https://eplus.uni-salzburg.at/JKM/content/titleinfo/4382641/full.pdf, zuletzt geöffnet am 21.4.2023

kümmerte sich um Familie und Haushalt, Vater Max war der „Chef". Eine Rollenverteilung, wie in den Siebzigerjahren in Deutschland noch weit verbreitet. Mit Politik habe man im Hause Söder nichts am Hut, beschreiben die Journalisten Roman Deininger und Uwe Ritzer in ihrem Buch „Markus Söder. Politik und Provokation. Die Biografie." Aber die Familie steht eng zur CSU, die Mutter ist sogar passives Mitglied. Das kleinbürgerliche Milieu, in das Söder hineingeboren wird, will Leistung zeigen, etwas Sichtbares schaffen. Gesellschaftliche Umwälzungen, wie die Studentenbewegung machen vor der Haustür halt.

Söder habe sich seiner Partei und dem Land Bayern regelrecht aufgezwungen, meinen die Autoren der Biografie. Mit 16 trat er in die CSU ein, über seinem Bett hing ein Strauß-Plakat. Mit 27 Jahren zog er als damals jüngster Abgeordneter in den Bayerischen Landtag ein. Mit 36 wurde er Generalsekretär, mit 40 Landesminister, erst für Europa und den Bund, dann für Umwelt und Gesundheit, schließlich für Finanzen und Heimat. Mit 51 wurde er Ministerpräsident in Bayern.

Das System Söder funktioniert mit Zuckerbrot und Peitsche, wobei er die Peitsche offenbar gerne hinterrücks benutzt. Deininger und Ritzer beschreiben anschaulich sein Vorgehen:

> „Söder verteilt Gefallen wie der Nikolaus Nüsse, im Landtag macht er das genauso. Einer Sitzung im Plenum hört er eher selten zu, er strawanzt lieber herum, plaudert hier mit einem Journalisten und schreibt dort ein Autogramm für eine Besucherin. Dann geht er wieder in den Saal und

setzt sich erst neben den einen, dann neben den anderen Hinterbänkler aus der CSU-Fraktion. Die Abgeordneten glühen vor Stolz. [104]

Als Söder auf seinem politischen Karriereweg JU-Bezirksvorsitzender werden will, ist sein größtes Hindernis Söders JU-Mentor und Amtsinhaber Peter Dilling. Da dieser als Mitarbeiter der Bundesagentur für Arbeit in seinem ersten Jahr häufiger Lehrgänge besuchen muss, ist er oft ortsabwesend. Söder begann sofort, gegen Dilling Stimmung zu machen, weil er so oft nicht verfügbar sei. Als er, Dilling, endlich gemerkt habe, was da hinter seinem Rücken so alles lief, sei es zu spät gewesen. Er trat nicht mehr zur Wahl an. Natürlich habe er Söder zuvor drauf angesprochen, der aber alles abstritt und ihm seine Loyalität versicherte. Söder sei ein hemmungsloser Intrigant, wenn er etwas werden wolle, so Dilling. [105]

2021 macht es sich Söder dann zur Aufgabe, dem Unionskanzlerkandidaten Armin Laschet im Wochentakt Knüppel zwischen die Beine zu werfen, nachdem er ihm im Wettkampf um die Kandidatur unterlegen war. Laschet machte als Kandidat fraglos eine schlechte Figur. Die Folge ist bekannt: Statt seiner wurde der Sozialdemokrat Olaf Scholz Kanzler einer Ampelkoalition, die praktisch niemand für möglich gehalten hatte. Freilich trug

---

[104] Roman Deininger und Uwe Ritzer (2018): Markus Söder. Politik und Provokation. Die Biografie, Droemer Verlag München, S: 279

[105] Roman Deininger und Uwe Ritzer: Markus Söder a.a.O., S. 56 f.

Söder zu Laschets Schwäche wesentlich bei. Hätte sich der Mann aus Nürnberg entschlossen an die Seite des Mannes aus Aachen gestellt, dann säße der jetzt vermutlich in der Regierungszentrale. [106]

> „Nach der Ankündigung von Ampel-Gesprächen trat zunächst CDU-Chef Armin Laschet vor die Kameras und warb erneut für eine Jamaika-Koalition. Ein Bündnis von Union, FDP und Grünen gilt als letzte Machtoption des Westphalen.

Minuten später beerdigte Söder von München aus Jamaika: Die Ampel-Gespräche seien eine „de-facto-Absage" an Jamaika. Man müsse „die Realitäten" anerkennen. Es gehe nun auch um „Selbstachtung und Würde". Söder hätte an diesem Tag auch einfach nichts sagen und Laschet den Vortritt lassen können. Er tat es nicht.

Auch wenn viele in der CDU Laschet wohl selbst gerne losgeworden wären – Wolfgang Bosbach legte ihm den Rücktritt nahe – viele haben die Schnauze von Söders Kurs voll. „Das war offene Sabotage", sagte die CDU-Politikerin Diana Kinnert über den denkwürdigen Mittwoch.

So wie sie denken in der Partei viele – sagen es aber momentan nicht, um die Situation nicht noch zu verschlimmern. Weniger zurückhaltend ist die

---

[106] https://www.rnd.de/politik/markus-soeder-warum-bayerns-ministerpraesident-an-der-energiemisere-seines-landes-selbst-schuld-ist-55FB2TTWMFGQLKSA7KKVKQNIA4.html, zuletzt geöffnet am 11.4.2023

FDP. Die verliert durch Söders Jamaika-Ablehnung ein Druckmittel in den Ampel-Gesprächen. „Ohne die permanenten CSU-Blutgrätschen könnten wir morgen Sondierungsgespräche für eine Jamaika-Koalition beginnen“, empört sich Konstantin Kuhle (FDP). „Er ist innerhalb der Union wirklich auf Mobbing-Kurs unterwegs und hat Armin Laschet von Anfang an behindert.“ [107]

Oder nehmen wir die Seehofer-Nachfolge. „Markus Söder „schmutzelt“ gerne, sagte einst der damalige CSU-Chef Horst Seehofer über den Franken, als dieser begann, ihn systematisch aus seinen Ämtern in Bayern zu drängen. Der Vorwurf der verdeckten Attacken, des Schlagens unter die Gürtellinie, der Hinterhältigkeit – Söder ist ihn bis heute nicht mehr losgeworden. Im Gegenteil: Die Vorwürfe kommen von immer mehr Seiten. Im Kampf um die Nachfolge Seehofers kommen aber auch andere Eigenschaften im System Söder zum Tragen:

Söder ist extrem diszipliniert und hat die Dinge gern unter Kontrolle, und er hat keine Scheu zu sagen, was er will, weil er sich alles zutraut. Seine Inszenierung erstreckt sich bis in die kleinste Begegnung. Das gilt für Fotos, die immer besser sein müssen als die Wirklichkeit, wie für seine Social-Media-Aktivitäten. Der Erzähler Söder will maximale Hoheit auch über seine Geschichten. Im Gespräch mit Journalisten hat er praktisch immer

---

[107] https://www.mopo.de/news/politik-wirtschaft/markus-soeder-der-hinterhaeltige/, zuletzt geöffnet am 12.4.2023

einen sorgsam gebauten Schlüsselsatz vorbereitet, berichten Deininger und Ritzer.

Im zähen Ringen um die Nachfolge Seehofers wurden lange auch andere Kandidaten genannt: Alexander Dobrindt, damals Generalsekretär der CSU, Manfred Weber, heute Fraktionschef der Europäischen Volkspartei im EU-Parlament, damals Vorsitzender der Grundsatzkommission der CSU, Ilse Aigner, Chefin der mächtigen Oberbayern-CSU, Christine Haderthauser, bayerische Sozialministerin und natürlich Bayerns Innenminister Joachim Herrmann, der bis zuletzt im Rennen war, dem aber dann doch der Mut für eine Kampfabstimmung fehlte.

Das bekannteste kabarettistische Ereignis in Bayern ist die Fastenpredigt auf dem Nockherberg. Einige Jahre tadelte die Kabarettistin Luise Kinseher als Mama Bavaria ihre Kinder, die Politiker und Politikerinnen, die alle stets im Saal saßen. Auf Markus Söder hat es die Kinseher besonders abgesehen. Sie fasst seine Persönlichkeit mit den Worten zusammen:

> „Markus, es heißt integrieren, nicht intrigieren." Der Markus, der halte seinen Gartenzaun für den Horizont. Der Markus leide unter \`moralischer Legasthenie\`." [108]

Alles, was ich in meinen Recherchen über die beiden Hoffnungsträger der Union, Merz und Söder, lesen konnte, hat mich nicht beruhigt. Da

---

[108] Deininger und Ritzer: Markus Söder, a.a.O., S.284

sind zwei Männer am Werk, denen es vor allem um sich selbst geht. Der eine hält das kapitalistische System, das von der globalen Finanzwirtschaft angetrieben wird, für den einzig richtigen Weg, der andere scheint ein selbstverliebter Intrigant, der von großem Opportunismus getragen wird. Keine guten Aussichten für die Union und die politische Kultur in unserem Land.

CDU und CSU: Liebe ist anders

Wie das bei Geschwistern so ist, kommt es immer wieder zu Streit zwischen CDU und CSU. Im Jahr 1976 beschloss die CSU sogar, im Bundestag nicht mehr in einer gemeinsamen Gruppe mit der CDU zu sitzen, sondern eine eigene Fraktion zu gründen. Diese Entscheidung wurde aber nach einigen Wochen und vielen Diskussionen wieder zurückgenommen.

Auch in den vergangenen Jahren gab es immer wieder heftige Auseinandersetzungen zwischen Angela Merkel, Bundeskanzlerin und Chefin der CDU, und Horst Seehofer, bayrischer Ministerpräsident und Chef der CSU.

Nach der Bundestagswahl Ende September 2021 mussten CDU und CSU erst mal ihre eigenen Streitereien schlichten, bevor sie mit anderen Parteien reden konnten. Konkret ging es dabei um die Flüchtlinge: Die CSU wollte genau festlegen, wie viele Flüchtlinge in Zukunft nach Deutschland kommen dürfen, die CDU wollte das nicht. Schließlich haben die beiden Parteien sich auf einen „Richtwert" geeinigt, also auf eine ungefähre Zahl.

Dass die Verhandlungen mit den Grünen und der FDP so schwierig waren, lag oft auch daran, dass die CSU eigene Vorstellungen hatte, die sie durchsetzen wollte.

> „Zu Beginn eines neuen Jahres sind die Vorsätze immer gut, das ist auch bei CDU und CSU nicht anders. Die gute Absicht in diesem Jahr: Wir werden ein richtig gutes Verhältnis miteinander entwickeln. Eine vertrauens- und respektvolle Beziehung pflegen, geprägt von Offenheit und einem guten Miteinander. Dieser Ansatz ist zugegebenermaßen nicht ganz neu bei den Schwesterparteien. Aber 2022 soll nun wirklich alles anders und garantiert ein Neuanfang sein - zumal ja nun mit Friedrich Merz auch die CDU sich neu aufstellt. Eine gute Voraussetzung also?
>
> Vielleicht. Ein Neuanfang ist jedenfalls bitter nötig. Denn die Erfahrung des Wahljahres 2021 mit dem erbitterten Machtkampf zwischen dem damaligen CDU-Chef Armin Laschet und CSU-Chef Markus Söder ist noch gut in Erinnerung. Ebenso wie die nicht enden wollenden öffentlichen Sticheleien Söders gegen Laschet - aber auch die eher unter der Hand gehandelten Gerüchte um Person und Charakter Söders, die

wiederum von CDU-Leuten genüsslich weitergegeben wurden.“ [109]

Oder nehmen wir das Thea einer bundesweiten Ausweitung der CSU. Ein Thema, das seit Jahren immer mal wieder nach oben kocht, meist, um die Schwesterpartei zu erpressen.

Für eine bundesweite Ausdehnung der CSU haben sich laut einer Umfrage mehr Menschen ausgesprochen als dagegen. Selbst in der Union sowie vor allem unter AfD-Anhängern überwiegt die Zustimmung die Ablehnung, wie eine repräsentative Befragung des Instituts infratest dimap für die ARD-Reportage-Reihe „#Beckmann“ ergab. Fast die Hälfte der befragten Wahlberechtigten (45 Prozent) gab an, sie fände eine bundesweite Wählbarkeit der Christsozialen „gut“. 40 Prozent fänden dies „nicht gut“. Unter Unionsanhängern betragen die Werte 49 Prozent für und 43 Prozent gegen die deutschlandweite Wählbarkeit. Deutlich wird auch ein Ost-West-Gefälle: In den neuen Bundesländern findet die Idee mehr Befürworter (52 Prozent) als in den westlichen Bundesländern (43 Prozent). Damit einher geht auch folgender Aspekt: Mehr als Zweidrittel der befragten AfD-Anhänger (68 Prozent) sind dafür, dass die CSU künftig in ganz Deutschland wählbar ist. [110]

---

[109] https://rp-online.de/politik/deutschland/cdu-und-csu-ein-fragiles-verhaeltnis_aid-65871601, zuletzt geöffnet am 12..4.2023

[110] https://www.faz.net/aktuell/politik/inland/grosse-zustimmung-fuer-bundesweite-ausdehnung-der-csu-14221408.html, zuletzt geöffnet am 12.4.2023

„Der CSU-Ehrenvorsitzende und frühere Bundesfinanzminister Theo Waigel hat seine Partei davor gewarnt, im Bundestagswahlkampf auf Distanz zur Schwesterpartei CDU zu gehen. Dies würde der Union insgesamt mehr schaden als nutzen, sagte Waigel der „Augsburger Allgemeinen". „CDU und CSU würden sich in einem solchen Wahlkampf viel stärker streiten, als sich mit SPD, Grünen, Linken und der AfD auseinanderzusetzen. Der frühere CSU-Chef ergänzte: `Es wäre auch nicht gut, wenn es nicht zu einem gemeinsamen Spitzenkandidaten oder einer Spitzenkandidatin käme. Eine bundesweite Ausdehnung der CSU wäre „eine Katastrophe für die Union". [111]

Merkel hatte den von der CSU kritisierten Satz "Wir schaffen das" relativiert: Dieser sei mittlerweile zu einer "Leerformel" geworden. Merkels Aussagen werden als Zugehen auf die CSU gewertet. Merkel und Seehofer lagen seit Monaten wegen der Flüchtlingspolitik im Streit. Nach wochenlanger Kritik von Horst Seehofers CSU an Merkel haben CDU-Vertreter dann zurückgeschlagen: So hatten der hessische Ministerpräsident Volker Bouffier und sein Vorgänger Roland Koch eine CDU-Ausdehnung nach Bayern vorgeschlagen, wenn die Schwesterpartei CSU im Flüchtlingsstreit nicht einlenken sollte. Wenn die Attacken aus München weitergingen, müsse man in München nach einer Immobilie Ausschau halten, sagte CDU-Vizechef Bouffier nach Informationen des

---

[111] https://www.wiwo.de/politik/deutschland/theo-waigel-bundesweite-ausdehnung-der-csu-waere-eine-katastrophe/13584782.html, zuletzt geöffnet am 12.4.2023

in München beheimateten Nachrichtenmagazins "*Focus*" im CDU-Präsidium. [112]

Ein aktuelles Thema, das die Schwesterparteien gerade entzweit – ist das Wahlrecht. Seit mehr als zehn Jahren wird über eine wirksame Verkleinerung des Bundestags diskutiert, die Ampelkoalition hat ihren Gesetzentwurf zwischenzeitlich im Bundestag beschließen lassen. Mit der Neuregelung wollen die Koalitionsfraktionen die Zahl der Bundestagsmandate künftig verlässlich auf 630 begrenzen. Dazu sehen sie einen Verzicht auf die bisherige Zuteilung sogenannter Überhang- und Ausgleichsmandate vor. Dies könnte dazu führen, dass künftig nicht alle Direktkandidaten, die in ihrem Wahlkreis die meisten Erststimmen erhalten, in das Parlament einziehen. Das wird vor allem von der CDU, mehr noch aber von ihrer rein bayerischen Schwesterpartei CSU kritisiert. Hätte die CSU bei der Wahl 2021 nicht bundesweit 5,2 Prozent geholt, sondern nur 4,9 wie die Linke, wäre mit dem so vorgeschlagenen Wahlrecht keiner ihrer 45 gewählten Direktkandidaten in den Bundestag gekommen. Mit dem neuen Wahlrecht käme die CSU unter der Fünf-Prozent-Hürde auch dann nicht mehr in den Bundestag, wenn sie in Bayern alle 46 Wahlkreise gewinnt. Da kann man den Ärger in der CSU verstehen, aber die Union hatte lange genug Zeit, das Wahlrecht selbst zu ändern. Jetzt haben es die

---

112 https://www.wienerzeitung.at/nachrichten/politik/europa/846590-Beziehungsstatus-CDU-CSU-Es-ist-kompliziert.html, zuletzt geöffnet am 12.4.2023

anderen getan. Ob das Bundesverfassungsgericht die Wahlreform zum Kippen bringt, ist offen.

Die CSU behauptet, dass die Ampel mit ihrem Gesetzentwurf "die Axt an die Grundlagen der Demokratie legen" würde. CSU-Generalsekretär Martin Huber warf der Ampel sogar eine "organisierte Wahlfälschung" vor, die ihn an "Schurkenstaaten" erinnere. In der CDU ist man über diese Tonlage entsetzt.

Oder nehmen wir Söders im Mai 2023 geäußerten Sonderweg Bayerns in der Energiepolitik. Die *Welt* meldet:

> „Bayerns Ministerpräsident will nach dem Abschalten der letzten Kernkraftwerke am 1. April 2023 eine eigene Länderzuständigkeit für den Weiterbetrieb. Parteiübergreifend schlägt im harsche Kritik entgegen. Ex-Umweltminister Trittin urteilt, Söder werfe sich ´mit großer Geste hinter einen abgefahrenen Zug´.

Nach dem Abschalten der letzten drei deutschen Kernkraftwerke am 1. April wehrt sich Bayern gegen einen kompletten Atomausstieg. Ministerpräsident und CSU-Chef Markus Söder fordert vom Bund eine eigene Länderzuständigkeit für den Weiterbetrieb der Kernkraft. ´Solange die Krise nicht beendet und der Übergang zu den Erneuerbaren nicht gelungen ist, müssen wir bis zum Ende des Jahrzehnts jede Form von Energie nutzen´, sagte Söder der *´Bild am Sonntag´*.

> Bayern solle als Vorreiter in die Forschung zur Kernfusion und den Bau eines eigenen

Forschungsreaktors einsteigen. Zudem brauche es dringend eine nationale Forschungsstrategie für eine Nutzbarkeit des Atommülls. Man sei es künftigen Generationen schuldig, nicht nur über ein Endlager in ferner Zukunft zu diskutieren, sondern auch innovative Pläne für eine verantwortungsvolle und technologische Lösung zu entwickeln, so Söder." [113]

Ein starkes Team: Söder und Aigner – ach was!

alamy - PJF6EJ

Das System von der Leyen

[113] https://www.welt.de/politik/deutschland/article244842538/Kernkraft-Spott-ueber-Soeders-Atom-Sonderweg.html, zuletzt geöffnet am 17.4.2023

Ursula von der Leyen wurde am 8. Oktober 1958 in Ixelles/Elsene in Belgien nahe Brüssel geboren und begann 1980 ein Medizinstudium an der Medizinischen Hochschule Hannover (MHH) und schloss dieses 1987 mit dem Staatsexamen und der Approbation ab. Danach arbeitete sie als Assistenzärztin in der universitätsinternen Frauenklinik.

Als ihr Mann, auch Mediziner, mit dem sie zu diesem Zeitpunkt schon sechs Jahre verheiratet war, 1992 beruflich an die Standford University ging, zogen sie und die fünf Kinder mit. Von 1992 bis 1996 lebte Ursula von der Leyen mit ihrer Familie in Kalifornien. Nach ihrer Rückkehr blieb Ursula von der Leyen ihrer universitären Karriere zunächst treu und arbeitete bis 2002 als wissenschaftliche Mitarbeiterin an der Medizinischen Hochschule Hannover. Ihr Mann Heiko stammt aus dem Haus von der Leyen, eine von der Mosel stammende Familie des Hochadels. Ursula von der Leyen selbst kommt aus einer Familie von Beamten, Unternehmern und Politikern. Ihr Vater, Ernst Albrecht, war der ehemalige Ministerpräsident Niedersachsens. Erst im Alter von 38 Jahren trat sie der CDU bei. Danach ging es mit ihrer politischen Karriere steil bergauf: 2004-2019 Mitglied des Präsidiums der CDU, 2005-2009 Bundesfamilienministerin, 2009-2013 Bundesarbeitsministerin, 2013-2019 Bundesverteidigungsministerin, seit 2019 Präsidentin der Europäischen Kommission.

Die Berateraffäre, die durch *SPIEGEL*-Recherchen ans Licht kam, offenbarte sehr fragwürdige Seilschaften zwischen hochrangigen

Ministeriumsvertretern und Beratern in der Zeit Ursula von der Leyens als Bundesverteidigungsministerin. Im Zentrum der Affäre standen die Unternehmen McKinsey oder Accenture, die über beste Kontakte in die Spitze des Hauses verfügten, insbesondere zur damaligen Staatssekretärin Suder. Deren Chefin von der Leyen ließ Suder gewähren und griff auch nicht wirklich ein, als erste Missstände bekannt wurden.

Grüne, FDP und Linke urteilen in ihrem Sondervotum des Untersuchungsausschusses, von der Leyen habe die "Gesamtverantwortung" für die Misere gehabt: Das „faktische Komplettversagen des BMVg im Umgang mit Beratung und Unterstützung“ sei nicht nur ein Problem der Arbeitsebene, `sondern auch Dr. von der Leyen zuzurechnen. Unter von der Leyen hatte das Ministerium hunderte Millionen Euro unter Missachtung der Vergabevorschriften für eine Beratertruppe ausgegeben.

Für den Grünen-Verteidigungspolitiker Tobias Lindner ist klar: "Ursula von der Leyen hat zu Beginn ihrer Amtszeit Berater als Allzweckwaffe ins BMVg geholt. Die Wunder blieben aus, stattdessen wurde jede Menge Steuergeld verschwendet." Seine Kollegin von der FDP, Marie-Agnes Strack-Zimmermann, erklärte: "Die Laufmasche fällt immer von oben nach unten." Von der Leyen sei dafür verantwortlich, dass sie das Ministerium "sperrangelweit" für Berater geöffnet habe, dass es keine Kontrolle gegeben habe, dass die Strukturen nicht aufgearbeitet worden seien. Der Linkenabgeordnete Matthias Höhn beklagte, dass von der Leyen keine Verantwortung übernommen und es keine Konsequenzen für sie gegeben habe, schlage auf die Politik insgesamt zurück. "Das ist ein Paradebeispiel dafür, wie es nicht laufen darf, wenn man Vertrauen der Bürger wiederherstellen will."

> „Die damaligen Regierungsparteien CDU, CSU und SPD und das Verteidigungsministerium legten kaum Interesse an den Tag, die Beraterаffäre aufzuklären und daraus personelle Konsequenzen zu ziehen. Daran hat sich dann unter der Nachfolgerin von der Leyens, Annegret Kramp-Karrenbauer (CDU), wenig geändert, berichtet der *SPIEGEL.* [114]

Zwar hatte der Bundesrechnungshof diverse Verstöße gegen das Vergaberecht bei der Beauftragung von Beraterfirmen durch das Ministerium festgestellt. Doch strafrechtliche Konsequenzen blieben aus. Ein Ermittlungsverfahren der Staatsanwaltschaft Berlin in Zusammenhang mit Untreuevorwürfen bei der HIL GmbH wurde eingestellt. Interne Hinweise von Kontrolleuren auf mögliche Untreue beim IT-Dienstleister BWI GmbH wurden offenbar nicht an die Staatsanwaltschaft weitergeleitet.

Besonders spannend war im Zusammenhang mit dieser Affäre, dass Daten auf von der Leyens Blackberry-Diensthandy „durch die Unachtsamkeit eines Sacharbeiters" im August 2019 gelöscht wurden. Dabei waren die Ministeriumsmitarbeiter erst kurz zuvor explizit darauf hingewiesen worden, dass auch

---

[114] https://www.spiegel.de/politik/deutschland/ursula-von-der-leyen-und-die-beraterаffaere-faktisches-komplettversagen-a-55458b1c-64bd-436b-acdf-75afcef0f5d3, zuletzt geöffnet am 10.4.2023

die dienstlichen Kurznachrichten Beweismittel für den Untersuchungsausschuss in der Beraterаffäre darstellen.[115]

Im Mai 2019 war Europawahl. Wochenlang waren der CSU-Politiker Weber und sein sozialdemokratischer Gegenspieler Timmermanns als Spitzenkandidaten der beiden größten europäischen Parteifamilien durch den Kontinent getourt und hatten sich in TV-Duellen gestritten. Am Ende bekommt eine Politikerin den Job der Kommissionspräsidentin, die am Wahlkampf nicht teilgenommen hatte und die kaum einer der EU-Bürger kannte: die deutsche Verteidigungsministerin Ursula von der Leyen. Die *ZEIT* bewertet diesen Vorgang:

„Wie Ursula von der Leyen binnen weniger Tage von der Chefposition beim deutschen Verteidigungsressort in das mächtigste Amt der EU kam, ist deshalb ein Skandal. Ganz unabhängig von ihrer Person: Ihre Kür zur EU-Kommissionspräsidentin hat das erst 2014 eingeführte Spitzenkandidatenprinzip, das die EU näher an ihre Bürger rücken und demokratischer machen sollte, ad absurdum geführt. "Die EU", wie die drei Institutionen – der Rat, die Kommission und das Parlament – vielerorts in Europa bezeichnet werden, hat ihre Bürger getäuscht. (...) Mit viel Pathos und einer emotionalen Rede hatte sie am Dienstagvormittag vor der Wahl in Straßburg alles gegeben, um die vielen, noch zweifelnden Abgeordneten in letzter Minute doch noch auf ihre

[115] https://www.tagesspiegel.de/politik/handydaten-geloscht--obwohl-sie-als-beweise-dienen-sollten-6601480.html, zuletzt geöffnet am 10.4.2023

Seite zu bekommen. Dabei machte sie viele Versprechungen.“ [116]

> „Kurz gesagt: Der Vorschlag ist ein demokratischer Affront –legitimiert durch demokratisch legitimierte Regierungschefs, aber gegen die paneuropäische parlamentarische Demokratie.“ [117]

Das Europaparlament votierte mit einer Mehrheit von neun Stimmen für die 2019 60jährige von der Leyen. Für den französischen Präsidenten bringt Ursula von der Leyen genau die richtige Mischung aus Erfahrung, Kompetenz und „profunder europäischer Kultur“ für den EU-Kommissionsvorsitz mit. Emmanuel Macrons Jubel über die Personalentscheidung des Europäischen Rates fällt umso größer aus, als er selbst die Idee in die verfahrenen Verhandlungen einbrachte. Auf Rückfrage lehnte er es zwar ab, wie er sagte, „zu viel Einblick in die Küche zu gewähren“. Aber er bestätigte, dass von der Leyen „nicht die erste deutsche Wahl“ gewesen sei und „ich ihre Kandidatur mit viel Nachdruck verteidigt habe“, berichtet die *Frankfurter Allgemeine Zeitung.* Macron hatte die deutsche Verteidigungsministerin wenige Wochen zuvor bei der internationalen Luftfahrtmesse in Le Bourget getroffen. Man

---

[116] https://www.zeit.de/politik/ausland/2019-07/ursula-von-der-leyen-eu-kommissionspraesidentin-wahlsieg, zuletzt geöffnet am 10.4.2023

[117] https://www.cicero.de/aussenpolitik/ursula-von-der-leyen-eu-kommissionspraesidentin-margrethe-vestager-demokratie, zuletzt geöffnet am 10.4.2023

unterhielt sich über ein deutsch-französisches Kampfflugzeugsystem und über eine europäische Verteidigungsunion, die von den Franzosen ventiliert wird. Auf Französisch, das von der Leyen fließend spricht. Womöglich hat das Macron sogar noch besser gefallen als die Sachkenntnis der Politikerin. Es sind "Kleinigkeiten" wie diese, die im europäischen Befindlichkeitsbiotop eine Rolle spielen, berichtet die österreichische *NEWS*.

Was ist das System von der Leyen? Wie gelingt es ihr, ohne Hausmacht in der CDU so weit zu kommen?

Peter Dausend und Elisabeth Niejahr, Hauptstadtkorrespondenten der *ZEIT*, geben Einblicke in ihrem Buch „Operation Röschen. Das System von der Leyen“:

> „Durch mediale Präsenz ein Thema setzen, sich nicht darum scheren, was die eigene Partei davon hält, die gesellschaftliche Mehrheit mobilisieren, die Partei dadurch zwingen, sich hinter ihr zu versammeln: das ist der Kern des Systems von der Leyen. (...) Von der Leyen schafft die Anlässe, zu denen über sie berichtet wird, gerne selbst. Durch spektakuläre Bilder, durch provozierende Aussagen, durch Versprechen, wo andere sich noch sammeln. Ihre Auftritte sind durchorganisiert und durchgestylt, Festtage für minutiöse Planer wie für gewiefte PR-Strategen. Sie hat die Medien genutzt, um aufzusteigen und um ihre Inhalte durchzusetzen. Die hochtourige Themen- und Bilderproduktion stellt sie aber unter den

Verdacht, Politik allein zu persönlichen Zwecken zu inszenieren. (…) Seit sie denken kann, sind Medien in ihrem Leben präsent. Es erscheint ihr als völlig normal, vom Vater zusammen mit der Mutter und den Geschwistern ins Rampenlicht der Öffentlichkeit gestellt zu werden. Wohl vor allem, weil sie stets freiwillig hineintritt. (…) Sie zeigt der Öffentlichkeit ein bruchloses Leben. Sie raucht nicht, trinkt nicht, isst keine Königsberger Klopse nach acht, liebt ihren Mann, hat sieben Kinder, die auf Fotos immer so aussehen, als würden sie freiwillig ihre Schuhe putzen, schreibt der Spiegel. (…) Wie ihr Vater neigt sie dazu, ihre politischen Widersacher zu umarmen, um sie zu entmachten. Wie ihr Vater setzt sie ihre Interessen oft lächelnd durch. Wie ihr Vater findet sie Parteipolitik langweilig.“ [118]

Fazit: Die CDU – eine Volkspartei?

Der renommierte Politikwissenschaftler Klaus von Beyme vertritt die These, dass von Volksparteien ohnedies nicht mehr die Rede sein könne:

> „Es gibt keinen Niedergang der Parteien, aber einen drastischen sozialen und organisatorischen Wandel: abnehmende Mitgliederzahlen und Einsatzbereitschaft der Wähler werden durch Professionalisierung der

[118] Peter Dausend, Elisabeth Niejahr (2013): Operation Röschen. Das System von der Leyen, Campus Verlag GmbH Frankfurt am Main, S. 40, 48, 44, 51, 28

> Führung, staatliche Subventionierung der Parteifinanzen und Entkopplung der Parteien von den Verbänden kompensiert. Der Wandel des Parteiensystems zeigt sich in einer Entpolarisierung des Pluralismus. Die Fraktionen gewannen an Autonomie gegenüber der Parteizentrale und die Koalitionsfähigkeit der Parteien im System hat zugenommen.“ [119]

Überdies sei der Ausdruck „Volkspartei“ zunächst als Schiimpfwort geprägt und später von den Parteien der Mitte zum Ehrentitel umfunktioniert worden. Die CDU benutzte in der Krise des Jahres 2000 die Formel „eine große Volkspartei wie die CDU“ rituell wie Gebetsmühlen. [120] Andere Definitionen sehen den Begriff weniger differenziert:

> „Volkspartei soll z.B. heißen, dass die Parteipolitik vom Volk, d.h. einer deutlichen Mehrheit der Bürger aus allen Schichten getragen und damit gebilligt wird. (...) Das Attribut Volkspartei soll ausdrücken, dass ihre Mitglieder aus allen Schichten der Bürger kommen, dass die Partei ihre Wurzeln im Volk

---

[119] Klaus von Beyme (2.000): Parteien im Wandel. Von den Volksparteien zu den professionalisierten Wählerparteien, Westdeutscher Verlag Wiesbaden, Cover Rückseite

[120] Klaus von Beyme, a. a. O., S. 30

hat. Die Mitgliederzahlen relativieren allerdings diesen Anspruch.“ [121]

Die Mitgliederentwicklung ist bei beiden großen Volksparteien stark rückläufig. Auch erreichen sie die jungen Wählerinnen und Wähler nicht mehr.

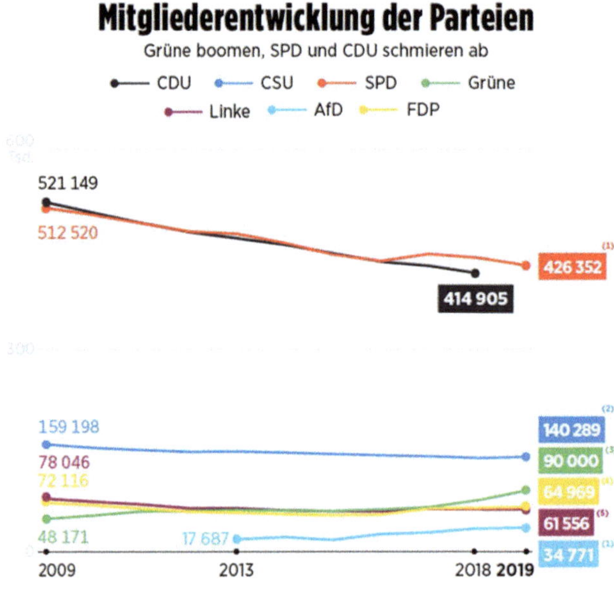

„Die womöglich größte Überraschung zuerst: Unter Erstwählern sind es 2021 den

---

[121] https://www.juraforum.de/lexikon/volkspartei, zuletzt geöffnet am 11.4.2023

> Umfragen zufolge nicht die Grünen, die am besten abschneiden – sondern es ist die FDP. 23 Prozent sollen für die Liberalen gestimmt haben. Direkt darauf folgen die Grünen mit 22 Prozent. Auf dem dritten Platz landet die SPD mit 15 Prozent, die Union schafft es mit zehn Prozent nicht mehr auf das Siegertreppchen.“ [122]

Statista fasst die Mitgliederentwicklung zusammen:

Die wachsende Politikverdrossenheit innerhalb der deutschen Bevölkerung ist in vielen politischen und gesellschaftlichen Bereichen zu spüren - so auch in den Mitgliederzahlen der politischen Parteien. Seit dem Jahr 1990 mussten die meisten Parteien einen Rückgang der Mitgliedschaften hinnehmen. Allein die Grünen sowie die im Jahr 2013 gegründete AfD weisen ein Wachstum der Mitgliederzahlen auf. Die großen Volksparteien SPD und CDU erlitten einen Rückgang der Mitgliederzahlen von rund 50 Prozent. Die SPD kann sich mit 393.727 Parteimitgliedschaften im Jahr 2021 jedoch als größte Partei Deutschlands zählen.

Auch in der Altersstruktur unterscheiden sich die Parteimitgliederschaften in hohem Maße. Jüngere Bürgerinnen und Bürger bis 30 Jahre sind in der CDU, der CSU, der SPD und auch bei den Grünen

---

[122] https://www.stern.de/politik/deutschland/bundestagswahl-2021--so-haben-junge-menschen-gewaehlt-30776824.html, zuletzt geöffnet am 11.4.2023

unterrepräsentiert, während sie bei der FDP und der Linkspartei Ende 2021 zum ersten Mal überrepräsentiert sind.

In die CDU, CSU und FDP eintreten kann man ab 16 Jahren, in die CDU nur außerhalb Bayerns und in die CSU nur in Bayern. Bei der SPD und der Linkspartei beträgt das Mindestalter 14 Jahre, die Grünen haben keine Altersbeschränkung, wobei nur sehr wenige Personen unter 14 Jahren in die Partei eintreten. Knapp 21 Prozent der Gesamtbevölkerung Deutschlands gehörten Ende 2021 der Gruppe der 14- bis 30-Jährigen an, bei den Mitgliedern der SPD waren es dagegen nur 8,6 Prozent, bei den Grünen 19,2 Prozent und bei der Linkspartei 22,5 Prozent, unter den FDP-Mitgliedern lag er 2021 bei 23,6 Prozent. In der CDU waren es nur 5,6 Prozent und 4,6 Prozent der CSU-Mitglieder gehören der Gruppe der 16- bis 30-Jährigen an. Die Jüngeren sind somit nur unter den Mitgliedern der Linkspartei leicht und unter den FDP-Mitgliedern deutlich überrepräsentiert.

Die Personalberaterin und lange Vorsitzende der „Christdemokraten für das Leben“, Mechthild Löhr, bedauert, dass es „keinen ideellen Grundbesitz“ der CDU mehr gibt, keinen programmatischen Anker. Es seien keine Ziele und Inhalte mehr erkennbar, die CDU-Mitglieder als Partei nachhaltig verbinden.

Der Gymnasiallehrer und Psychologe, 1995 Kandidat für das Amt des Hessischen

Kultusministers, Josef Kraus, bedauert die mangelnde Kritikfähigkeit in der CDU:

> „Das ist auch der Grund dafür, dass sich begabte junge Leute mit Interesse an intellektuellen Debatten nicht mit der CDU anfreunden können. Man ist auch an der Parteispitze nicht bereit, Widerborstige zu integrieren – sei es in Parteifunktionen, sei es als beratende Experten. Man schart lieber Jasager um sich.“

Wenn sich CDU und SPD nicht schnell den jungen Zielgruppen zuwenden, werden sie in zwanzig Jahren ausgestorben sein. Der bekannte Rechts- und Wirtschaftswissenschaftler Hans Herbert von Armin spricht von Volksparteien ohne Volk. [123]

Anhand der Zahlen gibt es also Hinweise dafür, dass Zweifel angebracht sind hinsichtlich des Status Volkspartei. Die Reduzierung des Begriffes auf quantitative und soziologische Kategorien greift aber ohnedies zu kurz. Es geht auch um Inhalte. Die Politik der meisten Parteien wurde weniger ideologisch und konzentrierte sich stärker auf konkrete Politikvorhaben. Ich gehe aber von einer Reideologisierung der Parteien aus. Vor dem Hintergrund der existenziellen Probleme Klimawandel und Nachhaltigkeit, der damit verbundenen Flucht- und Migrationsentwicklung, aber auch der Folgen aus Digitalisierung und Globalisierung, wird man von Volksparteien – will man am Begriff weiter festhalten –

---

[123] Von Arnim, Hans Herbert (2009): Volksparteien ohne Volk. Das Versagen der Politik, C. Bertelsmann München

nur noch sprechen können, wenn Parteien über wirksame Konzepte zur Lösung dieser Probleme verfügen. Mit „Politikvorhaben“ wird es zukünftig nicht getan sein. Ich möchte daher den Begriff der „Transformationspartei“ einführen, da die existenzielle Bedrohung der Erde und die Ziele ihrer Überwindung eine wesentliche Rolle bei der Typologisierung der Parteien spielen werden. Aber auch vor diesem Hintergrund genügen gerade konservative Parteien dem Anspruch nicht, etwas tun zu wollen, dass über das Maß von Klientelpolitik deutlich hinausgeht und systemverändernde Ziele verfolgt.

Wenn man sich mit CDU und CSU näher beschäftigt, geht es um zwei konservative Parteien. Was aber bedeutet heute konservativ? Das geht von Merkel bis Söder, von Forderungen einer offenen Gesellschaft bis zu AfD-nahen Positionen.

„Das Beispiel der Demokratie zeigt: Konservative verteidigen heute, was sie gestern bekämpft haben und verteidigen morgen, was sie heute bekämpfen. Das konservative Paradox“, schreibt der Historiker Andreas Rödder, der selbst Mitglied der CDU ist. Was denn nun? Worauf kann ich mich dann verlassen?

> „Die Union hat sehr unterschiedliche Flügel und Stimmungen in ihren Reihen. Wenn sie gegen Flüchtlinge Stimmung macht, bringt sie einen Teil gegen sich auf und ist gleichzeitig wieder ein Stück näher bei jenen Kräften, die eine offene Republik ablehnen. Die Äußerungen von Merz zum Sozialtourismus haben ihm unterm Strich eher geschadet. Gleichzeitig wird deutlich, dass die Union nicht mit sich im Reinen ist und nicht

weiß, in welche Richtung sie wirklich blinken will. Und in alle Richtungen gleichzeitig zu blinken, ist bei bestimmten Themen schwierig", lese ich beim Kasseler Politikwissenschaftler Wolfgang Schröder auf t-online.de. [124]

Das gleiche uneinheitliche Bild der deutschen konservativen Parteien ergibt sich, wenn Rödder das christliche Menschenbild diskutiert, dass CDU und CSU vermeintlich prägen:

> „Vom `Menschenbild` ist gern die Rede. Das gilt besonders für die CDU und das `christliche Menschenbild`. Wie gesehen, wurde es im Laufe der Zeit enttheologisiert und säkularisiert, um auch Nichtchristen zu integrieren. Dadurch verlor es zugleich seine spezifisch christliche Gestalt. Denn wenn es spezifisch christlich verstanden wird, dann gebietet die Vorstellung der `Gottesebenbildlichkeit` des Menschen zumindest aus katholischer Warte bestimmte Schlussfolgerungen, etwa in der Frage des Schwangerschaftsabbruchs, die zum Beispiel für Juden nicht zustimmungsfähig und selbst zwischen den christlichen Konfessionen umstritten ist. Andererseits lässt sich mit dem christlichen Menschenbild der Gottesebenbildlichkeit auch in der Flüchtlingspolitik eine gesinnungsethische Maximalposition der Willkommenskultur, der offenen Grenzen und des Kirchenasyls

[124]https://www.tonline.de/nachrichten/deutschland/innenpolitik/id_100124244/kurs-von-friedrich-merz-das-wird-ein-erhebliches-problem-.html, zuletzt geöffnet am 3.4.2023

> formulieren, die wiederum viele Christen (und CDU-Mitglieder/der Autor) ablehnen." [125]

Die langjährige CDU-Funktionärin Helga Löhr zum christlichen Menschenbild ihrer Partei:

> „Wir kannten die CDU als eine werteorientierte, christlich geprägte Partei. Wer die christlichen Werte als Monstranz vor sich herträgt, sollte auch in der konkreten Politikgestaltung als christlich erkennbar sein. Inzwischen beobachten wir die weitgehende Ausrichtung auf ein äußeres, medienwirksames Erscheinungsbild von Kandidaten und Events, während die Programmatik ersatzlos unter den Tisch fällt - talkshow-taugliches Politmarketing statt verantwortlicher Regierungstätigkeit." [126]

Ich habe in dieser Publikation die kritischen Stimmen eingefangen, will aber nicht verhehlen, dass ich die CDU für eine bedeutende Partei in unserem Land halte, die sich aber gerne im Etikettenschwindel „Partei der Mitte" suhlt. Der Münchener Merkur, eine bayerische Zeitung mit konservativer Grundhaltung vergleicht in seiner Ausgabe vom 09.07.2021 die Wahlprogramme der Parteien, bezieht sich dabei auf eine Untersuchung des Zentrums für Europäische Wirtschaftsforschung (ZEW):

---

[125] Andreas Rödder (2019): Konservativ 21.0. Eine Agenda für Deutschland, CV.H. Beck Verlag München, S. 43

[126] Mechthild Löhr in Baring, Kraus, Löhr, Schönbohm, a.a.O., S. 28

„Bei Union und FDP, einst langjährige Koalitionspartner im Bund, profitieren die reichsten der Gesellschaft am meisten. 4,4 beziehungsweise 4,7 Prozent plus sollen es bei der CDU/CSU werden. Der ehemalige Kanzlerkandidat Armin Laschet plante, Haushalte mit 150.000 bis 250.000 Euro Bruttoverdienst im Jahr um durchschnittlich 5.000 Euro besserzustellen. Das entspricht dem Bericht zufolge einem Finanzplus von mehr als vier Prozent. Damit würde die Union Gutverdiener prozentual viermal so stark entlasten wie knapp 80 Prozent der steuerpflichtigen Bevölkerung, für die sie weniger Finanzplus vorsehe.

Die berechneten Vorschläge von Union und Liberalen vergrößern die Kluft zwischen Arm und Reich. Bei beiden Parteien steigt das Finanzplus, je mehr ein Haushalt verdient – bei Linkspartei, SPD und Grünen sinkt es. Daraus folgert die ZEW: „Die berechneten Vorschläge von Union und Liberalen vergrößern die Kluft zwischen Arm und Reich. Die Mitte-Links-Parteien hingegen würden die soziale Ungleichheit um vier bis 15 Prozent reduzieren. Sie fordern etwa eine Erhöhung des Spitzensteuersatzes. Im Wahlprogramm der SPD heißt es: Überwinden wir die wachsende Ungleichheit? Oder nehmen wir es hin, dass wenige sich die höchsten Einkommen und die besten Perspektiven sichern, aber die Lasten und Risiken auf den Schultern derer liegen, die sich nicht wehren können?“ [127]

ntv fasst die ZEW-Studie so zusammen:

> „Die CDU inszeniert sich gern als Partei der Mitte, auch die FDP spricht gebetsmühlenartig vom Mittelstand, den sie stärken wolle. Die geplanten finanziellen Auswirkungen würden nach der Wahl aber vor allem Besserverdienern nutzen.“ [128]

Das ist der zentrale Vorwurf, den ich CDU und CSU mache: Beide behaupten, sie seien die Parteien der Mitte! Unabhängig davon, dass „Mitte“ heute nicht mehr das Zentrum der Gesellschaft beschreibt, vielmehr hat sich unsere Gesellschaft in viele Gruppen und Schichten fragmentiert. Es gibt kein einheitliches oben und unten mehr, und es geht auch nicht mehr allein um materielle Unterschiede. Es hat sich zum Beispiel eine Kulturelite herausgebildet, hochqualifizierte Akademiker/innen in urbanen Zentren, die Grenzüberschreitungen der Postmoderne leben, die sich für die Bewahrer unserer neuen Werte halten, wie Nachhaltigkeit, Antidiskriminierung, Diversität und Gender Mainstreaming. Das aber sind keine konservativen im eigentlichen Sinn. Daher können CDU und CSU diese

---

[127] https://www.merkur.de/politik/bundestagswahl-deutschland-wahlprogramm-cdu-csu-spd-fdp-linke-gruene-finanzen-steuern-reich-arm-90851167.html, zuletzt geöffnet am 18.03.2023

[128] https://www.n-tv.de/politik/Gutverdiener-profitieren-von-CDU-und-FDP-article22668837.html, zuletzt geöffnet am 18.03.2023

kaum zu „ihrer Mitte“ rechnen, wenngleich diese durchaus auch zu den materiellen Gewinnern zählen.

Vielmehr wird immer deutlicher, auch durch ihren Vorsitzenden Friedrich Merz, der den Anlagekapitalismus nahezu verkörpert, dass die konservativen deutschen Parteien keine Parteien sind, denen es um den wirtschaftlichen Mittelstand geht, sie meinen, Wohlstand für alle ergäbe sich über eine prosperierende Industrie und das quantitative Wachstum.

Grundsätzlich sehe ich das Konservative im 21. Jahrhundert vor großen argumentativen Hindernissen:

- Traditionen und das sogenannte Bewährte stehen heute vor dem Hintergrund bahnbrechender sehr schneller Entwicklungszyklen, die unsere Gesellschaft grundlegendem Wandel unterwerfen, ständig auf dem Prüfstand. Sie stellen ein einheitliches politisches Konzept konservativer Parteien in Frage, eine bürgerliche Leitkultur lässt sich heute nicht mehr zweifelsfrei formulieren.
- Wenn Politik die Fantasie ausgeht und sie in den Inkrementalismus flieht, also nur noch tagesaktuell und den Demoskopen folgend Entscheidungen trifft, wenn fragmentierte Interessen und Bedürfnisse mit Hilfe einer „Wir-sind-doch-alle-Mitte-Ideologie“ verkleistert werden, können sich immer mehr Menschen nicht mehr mit dem politischen System identifizieren. Politik wird als Instrument politischer Eliten zur Wahrung der eigenen Interessen wahrgenommen. Es braucht neue Visionen, eine neue Geschichte über eine Welt, die gerechter sein wird und die Diskrepanz zwischen Wissen und Wollen überwindet.

- Insbesondere das ökonomische System muss so grundlegend gewandelt werden, wir sprechen von Transformation. Wir benötigen eine Orientierung auf eine neue Zukunft hin, eine neue Erzählung, die aus einem offenen Diskurs entsteht und uns Hoffnung gibt. Ein Traum ist eine Metapher für eine befreiende politische Vision. Vielleicht ist nicht alles realistisch, aber doch gibt es den Begriff der „realen Utopie". Er stammt von dem amerikanischen Kapitalismustheoretiker Erik O. Wright und bezieht sich auf Möglichkeiten der gesellschaftlichen (antikapitalistischen) Transformation. [129]

In dem Traum, den viele Menschen träumen, geht es um völlig andere Denkweisen, um neue politische Kategorien. Wir benötigen eine Sicht auf die Welt, welche die ökologische und soziale Destruktivität in der Gesellschaft deutlicher macht als bisher. Die großen strategischen Vorschläge des 20. Jahrhunderts, wie auf die Übel des Kapitalismus zu reagieren sei, sind für die meisten Menschen nicht mehr überzeugend. Doch die Herausforderung bleibt bestehen. Es geht darum, die Folgen unseres Handelns aufzuzeigen, in Zusammenhängen zu denken und für unser Handeln Verantwortung zu übernehmen. Dies bedeutet ein anderes Verständnis von Wachstum, also den Verzicht auf übermäßigen Konsum und das Einhalten des ethischen Gebots des Maßhaltens. Es geht aber auch um eine an Nachhaltigkeit und Qualität, also nicht an schnellem Verschleiß, orientierte Produktion. Das aber ist mit politischen Kräften nicht zu machen, die den Wandel

---

[129] Wright, Erik Olin (2017): Reale Utopien. Wege aus dem Kapitalismus. Suhrkamp Berlin.

so gestalten wollen, dass das System weitgehend erhalten bleibt und nur Schritt für Schritt Veränderung erfahren darf.

Um es mit Roger Willemsen zu sagen:

> „Die letzte Epoche der Utopie hat begonnen, und wie alle Ressourcen wird auch die Zukunft knapp.“ [130]

[130] Roger Willemsen (2016): Wer wir waren. S. Fischer Verlag Frankfurt am Main, S. 52

Literatur

Baring, Arnulf; Kraus, Josef; Löhr, Mechthild; Schönbohm, Jörg (2011): Schluss mit dem Ausverkauf. Den traurigen Niedergang der Union, ihre bedingungslose Kapitulation vor dem Zeitgeist und den allgemeinen Verfall unserer Parteiendemokratie erörtern, obwohl sie niemand darum gebeten hat

Beyme, Klaus von (2.000): Parteien im Wandel. Von den Volksparteien zu den professionalisierten Wählerparteien, Westdeutscher Verlag Wiesbaden

Bösch, Frank (2002): Macht und Machtverlust. Die Geschichte der CDU, Deutsche Verlags-Anstalt Stuttgart München

Bundeszentrale für Politische Bildung: Etappen der Parteigeschichte der CDU, 02.12.2022

Dausend, Peter; Niejahr, Elisabeth (2013): Operation Röschen. Das System von der Leyen, Campus Verlag GmbH Frankfurt am Main

Deininger, Roman (2020): Die CSU. Bildnis einer speziellen Partei, C: H. Beck München

Deininger, Roman und Ritzer, Uwe (2018): Markus Söder. Politik und Provokation. Die Biografie, Droemer Verlag München

Der Spiegel 52/1999: Kohl zweiter Sturz. Abschied mit Schimpf und Schande, Rudolf-Augstein-Verlag Hamburg

Deutsches Historisches Institut London, herausgegeben von Hagen Schulze, Band 52

Andreas Rödder (2002): Die radikale Herausforderung. Die politische Kultur der englischen Konservativen zwischen ländlicher Tradition und industrieller Moderne (1846–1868), R. Oldenbourg Verlag München

Duden Wirtschaft von A bis Z: Grundlagenwissen für Schule und Studium, Beruf und Alltag, 6. Auflage Mannheim: Bibliografisches Institut 2016. Lizenzausgabe Bonn: Bundeszentrale für Politische Bildung 2016

Freeland, Chrystia (2013): Die Superreichen, Westend Verlag Frankfurt am Main

Guggenberger, Bernd; Hansen, Klaus, Hrsg. (1993): Die Mitte, Westdeutscher Verlag Opladen

Hemmelmann, Petra (2017): Der Kompass der CDU. Analyse der Grundsatz- und Wahlprogramme von Adenauer bis Merkel, Springer VS Wiesbaden

Langguth, Gerd (2019): Das Innenleben der Macht. Krise und Zukunft der CDU, Ullstein Verlag Berlin

Merz, Friedrich (2008, 3. erweiterte Auflage): Mehr Kapitalismus wagen. Wege zu einer gerechten Gesellschaft, Piper Verlag München

Mouffe, Chantal (2008): Das demokratische Paradox, Verlag Turia + Kant, Wien, Berlin

Müchler, Günter (1976): CDU CSU. Das schwierige Bündnis, Verlag Ernst Vogel München

Müller, Klaus-Dieter (2019): Wider den Stillstand. Plädoyer für einen Aufbruch in Politik und Gesellschaft, bebra-verlag Berlin

Münkler, Herfried (2012): Mitte und Maß. Der Kampf um die richtige Ordnung, Rowohlt Taschenbuch Verlag Reinbek

PAPST FRANZISKUS, ENZYKLIKA LAUDATO SI', ÜBER DIE SORGE FÜR DAS GEMEINSAME HAUS

Helmuth Pütz (3. Auflage 1978): Die CDU. Ämter und Organisationen der Bundesrepublik Deutschland. 30, Droste Verlag Düsseldorf

Hemmelmann, Petra (2017): Der Kompass der CDU. Analyse der Grundsatz- und Wahlprogramme von Adenauer bis Merkel, Springer VS, Wiesbaden

Resing, Volker (2014): Die Kanzlermaschine. Wie die CDU funktioniert, Herder Freiburg im Breisgau

Rödder, Andreas (2019): Konservativ 21.0. Eine Agenda für Deutschland, C.H. Beck Verlag München

Strasser, Johannes (1986): Sicherheit als destruktives Ideal. In: Psychologie heute, Heft Mai 1986

Vester, Michael in: Die Programmdebatte der SPD, Programmheft 4: Teilhabe, Zukunftschancen, Gerechtigkeit, Juni 2005

Von Arnim, Hans Herbert (2009): Volksparteien ohne Volk. Das Versagen der Politik, C. Bertelsmann München+

Walter, Franz; Werwath, Christian; D´Antomio, Oliver (2. Auflage 2014): Die CDU. Entstehung und Verfall christdemokratischer Geschlossenheit, Nomos Baden-Baden

Willemsen, Roger (2016): Wer wir waren. S. Fischer Verlag Frankfurt am Main, S. 52

Willet, Florian (2018): Mir nach, ich folge Euch! Wie uns die Parteien über den Tisch ziehen. solibro Verlag Münster

Wright, Erik Olin (2017): Reale Utopien. Wege aus dem Kapitalismus. Suhrkamp Berlin

https://www.addendum.org/demokratie/gesetze-parlament/

https://www.agrarheute.com/politik/direktzahlungen-noetig-ueberfluessig-551799

https://www.agrarheute.com/management/finanzen/reichsten-bauern-deutschland-gar-keine-bauern-588842

https://www.amazon.de/hz/reviews-render/lighthouse/B07194YGJ1?filterByKeyword=angela+merkel&pageNumber=1

https://www.berliner-zeitung.de/politik-gesellschaft/muss-ein-neuer-lastenausgleich-sein-wie-die-brd-1952-die-reichen-enteignete-li.266198

https://www.bpb.de/kurz-knapp/hintergrund-aktuell/269454/neue-polizeigesetze-schritt-zu-mehr-sicherheit-oder-weg-in-den-polizeistaat/

https://www.bpd.de/shop/zeitschriften/apuz/343509/krisenmodus-statt-visionen

https://www.bpb.de/themen/parteien/parteien-in-deutschland/zahlen-und-fakten/140358/die-soziale-zusammensetzung-der-parteimitgliederschaften/

Kurt Lenk (2009): Vom Mythos der politischen Mitte, in: http://www.bpb.de/apuz/31749/vom-mythos-der-politischen-mitte

https://www.bpb.de/themen/parteien/parteien-in-deutschland/cdu/42060/etappen-der-parteigeschichte-der-cdu/

https://www.bpb.de/kurz-knapp/lexika/politiklexikon/17548/gerechtigkeit

https://www.bpb.de/themen/parteien/parteien-in-deutschland/csu/42181/wahlergebnisse-und-waehlerschaft-der-csu/

https://www.br.de/radio/bayern2/sendungen/radiowissen/ethik-und-philosophie/widerstand-wehren-staatsgewalt-100.html

https://www.br.de/nachrichten/deutschland-welt/pandemie-kosten-merkel-will-keine-vermoegensabgabe,SJKgjs2

https://www.cicero.de/aussenpolitik/ursula-von-der-leyen-eu-kommissionspraesidentin-margrethe-vestager-demokratie

https://www.deutschlandfunk.de/bundestagswahl-2021-union-auf-dieses-wahlprogramm-haben-100.html

https://www.deutschlandfunk.de/cdu-klausur-gleiche-sicherheit-fuer-alle-100.html

https://www.deutschlandfunk.de/koalitionsvertrag-die-cdu-bleibt-ein-kanzlerinnen-wahlverein-100.html

https://www.deutschlandfunk.de/plaene-zur-eu-agrarpolitik-weniger-subventionen-fuer-100.html

https://www.epochtimes.de/politik/deutschland/die-neuen-sinus-milieus-2021-erklaert-das-ende-der-buergerlichen-mitte-wie-wir-sie-kannten-a3623802.html

https://www.faz.net/aktuell/politik/inland/grosse-zustimmung-fuer-bundesweite-ausdehnung-der-csu-14221408.html

https://www.focus.de/politik/deutschland/studie-der-konrad-adenauer-stiftung-cdu-mitglieder-sehen-sich-klar-rechts-von-der-partei_id_8034114.html

https://www.fr.de/meinung/kommentare/junge-union-stern-genderstern-holocaust-facebook-instagram-cdu-90312962.html

https://www.fr.de/politik/parteifinanzen-bei-der-cdu-geld-ist-die-hauptsache-90983402.html

https://www.handelsblatt.com/politik/deutschland/der-cdu-kandidat-und-die-wirtschaft

https://www.iz.de/finanzen/news/-diw-fordert-vermoegensabgabe-zur-staatssanierung-1000009763?login&crefresh=1

https://www.kas.de/de/web/geschichte-der-cdu/gruendungsphase-der-cdu-1945-1949

https://www.kas.de/documents/252038/16166715/Wieso%2C+weshalb%2C+warum+-+Wahlmotive+bei+der+Bundestagswahl+2021.pdf/80db9c34-b1f5-e9a4-36d0-2abb93a180eb

https://www.ls1.soziologie.uni-muenchen.de/personen/professor/nassehi/publikationen/2016/stunde-der-konservativen.pdf

https://www.juraforum.de/lexikon/volkspartei

https://www.welt.de/politik/deutschland/article244842538/Kernkraft-Spott-ueber-Soeders-Atom-Sonderweg.html

https://www.merkur.de/politik/bayerische-opposition-fordert-spenden-razzia-bei-der-csu-zr-92191215.html

https://www.merkur.de/politik/daniel-guenther-schleswig-holstein-cdu-tobias-rischer-zweckgemeinschaft-92139864.html

https://www.merkur.de/politik/bundestagswahl-deutschland-wahlprogramm-cdu-csu-spd-fdp-linke-gruene-finanzen-steuern-reich-arm-90851167.html

https://www.mopo.de/news/politik-wirtschaft/markus-soeder-der-hinterhaeltige/

https://netzpolitik.org/2021/netzpolitische-bilanz-der-aera-merkel-verschenkte-jahre/

https://www.n-tv.de/politik/Gutverdiener-profitieren-von-CDU-und-FDP-article22668837.html

https://www.nzz.ch/meinung/der-andere-blick/cdu-mit-friedrich-merz-unterwegs-zur-schizophrenen-partei-ld.1702871

https://www.nzz.ch/meinung/die-ewige-kanzlerin-geht

https://www.ots.at/presseaussendung/OTS_20050424_OTS0008/trend-heiner-geissler-kritisiert-anarcho-kapitalismus

https://www.planet-wissen.de/gesellschaft/wirtschaft/kapitalismus/blackrock-100.html

https://www.rbb-online.de/kontraste/archiv/kontraste-vom-10-11-2022/union-auf-der-suche-nach-ihrer-dna.html

https://www.report-k.de/ltwnrw22-das-will-die-nrw-cdu-im-politikfeld-innere-sicherheit/

https://www.rnd.de/politik/markus-soeder-warum-bayerns-ministerpraesident-an-der-energiemisere-seines-landes-selbst-schuld-ist-55FB2TTWMFGQLKSA7KKVKQNIA4.html

https://rp-online.de/politik/deutschland/cdu-und-csu-ein-fragiles-verhaeltnis_aid-65871601

https://www.spiegel.de/politik/deutschland/cdu-kritik-an-angela-merkel-es-rumort-im-kanzlerwahlverein-a-1192504.html

https://www.spiegel.de/netzwelt/netzpolitik/klarnamenpflicht-im-internet-warum-anonymitaet-im-netz-so-wichtig-ist-a-1268306.html

https://www.spiegel.de/politik/deutschland/ursula-von-der-leyen-und-die-berateraffaere-faktisches-komplettversagen-a-55458b1c-64bd-436b-acdf-75afcef0f5d3

https://link.springer.com/article/10.1007/s41358-021-00270-7

https://link.springer.com/chapter/10.1007/978-3-658-30731-8_8

https://de.statista.com/statistik/daten/studie/1140195/umfrage/entwicklung-der-mitgliederzahlen-der-politischen-parteien-in-deutschland/

https://www.stern.de/politik/(deutschland/cadu-csu-korruptionsfaelle

https://www.stern.de/politik/deutschland/bundestagswahl-2021--so-haben-junge-menschen-gewaehlt-30776824.html

https://www.stmi.bayern.de/sus/inneresicherheit/index.php

https://www.sueddeutsche.de/politik/einwanderungsgesetz-cdu-csu-prantl-1.4257861

https://www.sueddeutsche.de/politik/georg-nuesslein-csu-masken-afffaere-1.5231387

https://www.sueddeutsche.de/politik/junge-union-deutschlandtag-cdu-tilman-kuban-laschet-1.5437951

https://www.sueddeutsche.de/muenchen/nach-rechtspopulistischem-ausrutscher-csu-will-umstrittenen-ju-mann-loswerden-1.1127784

https://www.swp-berlin.org/publikation/kriminalitaetsbekaempfung-im-dark-net

https://www.tagesschau.de/inland/innenpolitik/union-migration-101.html

https://www.tagesschau.de/inland/btw21/programmvergleich-inneresicherheit-101.html

https://www.tagesspiegel.de/politik/handydaten-geloscht--obwohl-sie-als-beweise-dienen-sollten-6601480.html

https://www.tagesspiegel.de/politik/welche-üpartei-ist-am-anfälligsten

https://taz.de/Helmut-Kohl-hat-die-CDU-voll-im-Griff-Immer-noch/!1408989/

https://taz.de/Medien-und-die-Mitte-der-Gesellschaft/!5258816/

https://taz.de/Netzpolitik-der-CDU/!5115021/

https://www.tonline.de/nachrichten/deutschland/innenpolitik/id_100124244/kurs-von-friedrich-merz-das-wird-ein-erhebliches-problem-.html

https://eplus.uni-salzburg.at/JKM/content/titleinfo/4382641/full.pdf

https://www.volksfreund.de/region/rheinland-pfalz/ju-chef-im-saarland-tritt-zurueck-grapscher-affaere-beim-cdu-nachwuchs_aid-80028603

https://www.welt.de/print/welt_kompakt/print_wirtschaft/article176480548/Das-Geld-muss-dienen-und-nicht-regieren.html

https://www1.wdr.de/stichtag/stichtag2838.html

https://www.wienerzeitung.at/nachrichten/politik/welt/928339-Demokratie-in-den-Haenden-von-Plutokraten.html

https://de.wikipedia.org/wiki/Liste_von_Korruptionsaff%C3%A4ren_um_Politiker_in_der_Bundesrepublik_Deutschland

https://www.zeit.de/politik/deutschland/2018-07/masterplan-migration-csu-horst-seehofer-asylpolitik

https://www.zeit.de/politik/ausland/2019-07/ursula-von-der-leyen-eu-kommissionspraesidentin-wahlsieg

http://www.zeitzeugen.fes.de/glossar/ahlener-programm

Der Autor

Prof. Dr. Klaus-Dieter Müller

LEBENSLAUF

Dr. Klaus-Dieter Müller, 1951 in Schleswig-Holstein geboren,

Abitur an der Immanuel-Kant-Schule in Neumünster/Holstein,

seit 1969 Mitglied der SPD, mit 23 Jahren Ratsherr der Stadt Neumünster,

ab 1971 Studium der Rechts- und Politischen Wissenschaften an der Universität Hamburg, Abschluss als Diplom-Politologe,

Dr. phil., verliehen mit „magna cum laude“ von der Fakultät Wirtschafts- und Sozialwissenschaften der Universität Hamburg,

Landesvorsitzender der AGS Arbeitsgemeinschaft Selbständige in der SPD, der Mittelstandsorganisation der SPD, in Schleswig-Holstein 1981-2006, stellvertretender AGS-Bundesvorsitzender 1986-1997, davon ein Jahr kommissarischer Bundesvorsitzender.

1996 bis 2005 Abgeordneter des Schleswig-Holsteinischen Landtags, wirtschafts-, technologie- und verkehrspolitischer Sprecher der SPD-Fraktion, Stiftungsrat der Technologiestiftung des Landes Schleswig-Holstein,

Professor für Medienpolitik und Entrepreneurship an der Filmuniversität Babelsberg von 2004 - 2019, heute Mitglied des Kuratoriums der Filmuniversität Babelsberg. In den fünfzehn Jahren wurden ca. 1.000 Gründerinnen und Gründer, nicht nur von der Filmuniversität, sondern auch Gründer/innen aus der Arbeitslosigkeit, in die Selbstständigkeit begleitet.

Müller besitzt die Ausbildereignung der IHK Berlin für den Beruf des Marketing-Kaufmanns, Kauffrau und verfügt über das Zertifikat „Geprüfte Beratungsqualität“ auf Basis der ISO 9001, ausgestellt von der Prüfstelle ACERT GmbH, Nürnberg. Müller ist auch bei der BAFA gelistet.

2010-2015 Vorsitzender des BIEM Brandenburgisches Institut für Entrepreneurship und Mittelstandsförderung e. V., dem damaligen Verbund der Lehrstühle und Gründungseinrichtungen aller

Hochschulen und Universitäten des Landes Brandenburg,

2018-2022 Gründungspräsident der Berlin School of Sustainable Futures, University of Applied Sciences, einer Kultur- und Medienhochschule, deren identifizierendes und verbindendes Element die Nachhaltigkeit ist. Es geht um fach- und kulturübergreifende und langfristig geltende Entwicklungsperspektiven in ökonomischem, ökologischem, sozialem und kulturellem Kontext.

Dreißig Jahre war Müller nebenberuflich Vorsitzender des Gewerbe-, Rechts- und Europaausschusses des Bundesverbandes Deutscher Schausteller und Marktkaufleute.

Seit 2007 ist Müller Vorstand der kirchenunabhängigen Stiftung „Christliche Werte leben“.

Medienunternehmer (DMD Deutsche Mediendienst GmbH, MPM Media Projekt-Management GmbH), Coach und Senior Consultant; Autor, Maler und Lyriker. Seit Januar 2020 ist Müller als politischer Kommentator für den christlichen Sender Radio Paradiso in Berlin tätig. Dreimal wöchentlich (montags, mittwochs und freitags) spricht Müller unter dem Titel "Von der Seele reden" zu aktuellen Themen.

Müller hat zwei Töchter, zwei Enkelkinder, lebt und arbeitet in Berlin.